발음부터 회화까지 **한 달** 완성

GO! 독학

최신 현지 트렌드 반영

프랑스어

첫걸음

김지연 지음 | Sylvie MAZO 감수

Ⓢ 시원스쿨닷컴

GO!독학
프랑스어
첫걸음

초판 1쇄 발행 2018년 10월 18일
개정 2쇄 발행 2024년 9월 2일

지은이 김지연
펴낸곳 (주)에스제이더블유인터내셔널
펴낸이 양홍걸 이시원

홈페이지 www.siwonschool.com
주소 서울시 영등포구 영신로 166 시원스쿨
교재 구입 문의 02)2014-8151
고객센터 02)6409-0878

ISBN 979-11-6150-811-5
Number 1-521107-25172399-06

GO! 독학

프랑스어

첫걸음

머리말

Bonjour tout le monde !
봉쥬흐 뚤 르 몽드

여러분 안녕하세요!

프랑스어 첫걸음을 떼신 여러분을 진심으로 환영합니다.

사실 프랑스어는 어렵다는 편견이 많습니다. 한국어에는 없는 발음, 많은 문법 규칙,
복잡한 시제 구분에 시작부터 포기하는 학습자들도 더러 있습니다.

그럴 땐 내가 왜 프랑스어를 공부하려고 하는지, 언제까지 어떤 목표 달성을 위해 프랑스어를
공부하고 있는지 곰곰이 되새겨 보세요. 또, 프랑스어를 잘하게 된 나의 모습을 상상해 보세요.
나는 어떤 말을 프랑스어로 멋지게 해 보고 싶은지도 떠올려 보세요.

차근차근 기초를 다지다 보면 프랑스어는 생각보다 어렵지 않을 것입니다.
제가 그러했듯 여러분들 또한 프랑스어의 매력에 빠지게 될 것이라 생각합니다.
프랑스어를 통해 세계적인 문화 강국 프랑스 이모저모를 만나는 즐거움도 빼놓을 수 없지요.

<GO! 독학 프랑스어 첫걸음>은 여러분들이 최대한 쉽고 재미있게 프랑스어를 시작하여
반드시 왕초보를 탈출할 수 있도록 저의 모든 노하우를 담았습니다.

먼저 실생활에 유용한 대화문을 반복해서 듣고 보고 말해 보세요. 문법 흐름에 맞는
단어와 내용으로 대화를 구성하여 기존의 교재들과 확실한 차별을 두었으므로
차근차근 어휘와 문법을 무리 없이 따라갈 수 있을 것입니다. 총 20과 중 10과까지
최대한 원어민의 발음에 가깝도록 한글 독음을 함께 수록하였으니
무료 MP3와 함께 연습하세요. 이어서 대화문 중 가장 핵심이 되는 문장 구조를 짚어 보고,
무료 동영상 강의로 문법을 집중 학습하세요. 연습 문제로 실력을 점검한 다음, 보다 폭넓은
어휘 확장에 도전해 보세요.
마지막으로 잠시 쉬어 가며 프랑스 문화 엿보기로 마무리하세요.
별책부록으로는 프랑스어 주요 동사 100개와 회화에서 핵심이 되는 표현 100개를 선별하여
휴대용 핸드북으로 제공합니다.

세계 공용어로서의 위상을 가진 프랑스어는 분명 여러분들의 경쟁력을 높일 수 있는
효과적인 수단이 될 것입니다. 이 책이 출간되기까지 힘써 주신 시원스쿨에 감사드리며,
프랑스어의 세계에 첫발을 내딛은 여러분들께 응원을 보내 드립니다.

Après la pluie, le beau temps.
아프헤 라 쁠뤼 르 보 떵

비가 온 뒤, 날씨가 좋다.

- '힘든 시간을 거친 후엔 좋은 일이 있음'을 나타내는 프랑스 속담 -

저자 김지연

말문 트GO!

각 Leçon마다 2세트의 대화문을 수록했습니다. 등장 인물들이 프랑스어권에서 생활하며 겪는 다양한 상황 속 대화로, 생활 밀착형 표현을 배울 수 있어요. 모르는 단어는 **VOCA**에서 바로바로 찾고, 대화의 포인트가 되는 꿀팁까지 **포인트 잡GO!**로 확인해 보세요.

핵심 배우GO!

대화문 중 핵심이 되는 주요 표현을 꼼꼼히 짚고, 응용 표현까지 자연스럽게 익힙니다. 실수하기 쉬운 부분, 유의 사항까지 **Remarques** 코너에서 빠짐없이 제공하니 놓치지 마세요.

문법 다지GO!

꼭 필요한 문법만 제대로 배웁니다. 한눈에 들어오는 표, 간결하고 이해하기 쉬운 설명, 다양한 예문으로 차근차근 내 것으로 만드세요. 무료 동영상 강의는 시원스쿨 프랑스어 홈페이지에서 확인하세요.

실력 높이GO!

각 Leçon에서 다룬 듣기, 문법, 작문까지 모든 영역의 실력을 점검할 수 있도록 연습 문제를 제공합니다. 회화와 문법을 얼마나 이해하고 잘 습득했는지 스스로 점검해 보세요.

어휘 늘리GO!

각 Leçon과 관련된 주제로 꼭 알아야 할 필수 어휘와 좀 더 확장된 응용 어휘까지 살펴봅니다. 다양한 사진과 일러스트로 보다 쉬운 암기를 돕습니다.

프랑스 만나GO!

프랑스 에티켓, 파리의 대중교통, 프랑스 예술가와 작품들, 주요 기념일, 관광 명소, 유용한 여행 앱 등 프랑스의 다양한 문화와 현지 정보를 만나 보세요.

프랑스어 필수 동사 100

프랑스어 회화에서 많이 쓰이는 필수 동사 100개를 익혀 보세요. 직설법 현재, 직설법 단순 미래, 과거 분사 형태까지 수록했습니다.

프랑스어 필수 표현 100

프랑스어 회화에서 많이 쓰이는 필수 표현 100개를 익혀 보세요. 실제 프랑스인들이 많이 사용하는 표현들이므로 어느 상황에서든 유용하게 말할 수 있습니다.

MP3 파일

외국어 학습에 있어 많이 듣고 따라하기는 매우 중요합니다. 대화문과 단어, 듣기 연습문제의 MP3 파일을 제공하므로 원어민 전문 성우의 정확한 발음을 듣고 따라하며 반복 연습하세요.

무료 동영상 강의

독학을 위한 무료 강의를 제공합니다. 각 Leçon의 핵심 문법을 쉽고 간결하게 설명합니다. 무료 강의는 france.siwonschool.com에서 확인하세요.

차례

학습 구성

등장인물

주요 인물

Mina 미나 (한국인, 학생, 21세)

파리 낭테르 대학에서 정치학을 전공하는 한국인 교환 학생.
역사, 문화에 관심이 많으며 파리 교환 학생 기간 동안 유럽 곳곳을
여행하고 싶어합니다.

Nicolas 니꼴라 (프랑스인, 학생, 20세)

파리 1대학에서 경제학을 전공하는 프랑스 대학생.
언어 교환 모임에서 위고와 미나를 알게 되었으며 축구와 수영을
좋아합니다.

Hugo 위고 (벨기에인, 직장인, 25세)

브뤼셀에서 운동 관련 잡지 기자로 일하며, 운동과 쇼핑을 좋아합니다.
아버지는 프랑스인, 어머니는 벨기에인이며 휴가를 맞아 친척들을
만나러 파리를 방문했습니다.

Léa 레아 (프랑스인, 학생, 21세)

위고의 사촌동생. 파리에서 요리 학교에 다니고 있으며 파티시에가
되는 것이 꿈입니다.

그 밖의 인물

미나 엄마   미나 아빠

미나의 엄마와 아빠는 한국에서 살고 있습니다. 미나가
파리에서 공부하는 동안 유럽을 방문하여 함께
가족 여행을 할 계획입니다.

에밀리

벨기에에 사는 위고의 친구입니다. 위고와 같은
운동 관련 잡지사에서 일합니다. 역시 운동을 좋아하며
그중 특히 스키를 좋아합니다.

약사   웨이터   상인   점원

Ready!

프랑스어 첫걸음을
출발하기 전,
꼭 필요한 기초부터
탄탄히 준비해 보세요.

알파벳 준비하GO!

1 알파벳 (Alphabet)

🎧 Track 00-01

A /ɑ/ 아	B /be/ 베	C /se/ 쎄	D /de/ 데	E /ə/ 으	F /ɛf/ 에프	G /ʒe/ 줴
H /aʃ/ 아슈	I /i/ 이	J /ʒi/ 지	K /kɑ/ 까	L /ɛl/ 엘	M /ɛm/ 엠	N /ɛn/ 엔
O /o/ 오	P /pe/ 빼	Q /ky/ 뀌	R /ɛːr/ 에흐	S /ɛs/ 에쓰	T /te/ 떼	U /y/ 위
V /ve/ 베	W / dublǝve/ 두블르베	X /iks/ 익쓰	Y /igrɛk/ 이그헥	Z /zɛd/ 제드		

2 철자 기호

1 악썽 떼귀 accent aigu : **é**

철자 e 위에만 붙습니다. é는 [e]로 발음합니다.

2 악썽 그하브 accent grave : **à, è, ù**

철자 a, e, u 위에 붙으며 è는 [ɛ]로 발음됩니다. a, u는 발음상의 변화가 없습니다.

3 악썽 씨흐꽁플렉쓰 accent circonflexe : **â, ê, î, ô, û**

철자 a, e, i, o, u 위에 붙으며 ê는 [ɛ]로 발음합니다. 나머지 모음들은 발음상의 변화가 없습니다.

4 쎄디유 cédille : **ç**

철자 c 아래에 붙어서 [s]로 발음합니다.

5 트헤마 tréma : **ë, ï**

연속된 모음이 올 때 따로 발음하라는 기호입니다.

3 발음 (Prononciation)

🎧 Track 00-02

1 단모음자: 프랑스어에서 모음은 A, E, I, O, U, Y입니다.

a	[ɑ] [아]	ami [아미] 친구 / salut [쌀뤼] 안녕 / ananas [아나나] 파인애플
e	[e] [에]	et [에] 그리고 / parler [빠흘레] 말하다 / premier [프흐미에] 첫째의 / boulanger [불렁제] 제빵사 / café [까페] 커피
	[ɛ] [에]	mer [메흐] 바다 / elle [엘르] 그녀는 / mère [메흐] 어머니 / tête [떼뜨] 머리
	[ə] [으]	petit [쁘띠] 작은 / je [쥬] 나는 / menu [므뉘] 메뉴

Tip [e]는 우리말의 [에]에 가까운 발음이고, [ɛ]는 [e]보다 입을 좀 더 크게 벌려 발음하는 [에]에 가까운 발음입니다. 그러나 프랑스인들이 이 두 발음을 크게 뚜렷이 구분하여 발음하지는 않습니다. [ə]는 [으]와 가깝게 발음하되 입모양을 조금 적게 벌려 발음하는 것이 좋습니다.

i	[i] [이]	lit [리] 침대 / prix [프히] 가격 / il [일] 그는
o	[o], [ɔ] [오]	photo [포또] 사진 / orange [오헝쥬] 오렌지 / nord [노흐] 북쪽
u	[y] [위]	tu [뛰] 너는 / future [퓌뛰흐] 미래 / Utopie [위또삐] 유토피아

Tip [y] 발음은 입모양은 '우'로 하고 발음은 '이'로 해야 합니다.

2 복합모음자

🎧 Track 00-03

ai	[ɛ] [에]	aide [에드] 도움 / mais [메] 그러나 / caisse [께쓰] 계산대
ei	[ɛ] [에]	Seine [쎈느] 센강 / neige [네쥬] 눈 / seize [쎄즈] 열여섯, 16
au	[o] [오]	sauce [쏘쓰] 소스 / aussi [오씨] 역시 / paume [뽐므] 손바닥
eau	[o] [오]	beau [보] 멋진 / beaucoup [보꾸] 많은 / eau [오] 물
ou	[u] [우]	sous [쑤] 아래에 / roue [후] 바퀴 / goût [구] 맛
eu	[ø] [외]	Europe [외호쁘] 유럽 / euro [외호] 유로 / bleu [블뢰] 파란
	[œ] [웨]	jeune [줸느] 젊은 / beurre [붸흐] 버터 / peur [쀄흐] 두려움
œu	[ø] [외]	œufs [외] 계란들 / bœufs [뵈] 소들 / nœud [뇌] 매듭
	[œ] [웨]	œuf [웨프] 계란 / bœuf [붸프] 소 / cœur [쀄흐] 심장

Tip [ø] 발음은 입술은 '오' 모양으로 오므리고 입 안의 모양은 '애'를 발음할 때와 같이 하면 됩니다. [œ] 발음은 [ø] 발음할 때보다 입술을 조금 더 둥글게 만들어서 발음합니다.

oi	[wa] [우아]	trois [트후아] 셋, 3 / noix [누아] 호두 / fois [푸아] 간

Tip oi는 '오이'가 아닌 '우아' 발음이므로 유의합니다.

❸ 비모음

🎧 Track 00-04

모음이 m이나 n과 만나서 우리말의 종성 이응 발음이 됩니다.

am, an	[ɑ̃] [엉]	lampe [렁쁘] 램프 / France [프헝쓰] 프랑스
em, en	[ɑ̃] [엉]	temps [떵] 시간 / vent [벙] 바람
om, on	[ɔ̃] [옹]	ombre [옹브흐] 그늘 / bon [봉] 좋은
um, un	[œ̃] [앙]	parfum [빠흐팡] 향수 / brun [브항] 갈색의
im, in	[ɛ̃] [앙]	simple [쌍쁠르] 단순한 / vin [방] 와인
aim, ain	[ɛ̃] [앙]	faim [팡] 허기 / pain [빵] 빵
ein	[ɛ̃] [앙]	plein [쁠랑] 가득찬 / teindre [땅드흐] 염색하다
oin	[wɛ̃] [우앙]	point [뿌앙] 점 / loin [루앙] 먼

❹ 반모음

🎧 Track 00-05

i, y+모음	[j] [이으]	hier [이예흐] 어제 / miel [미엘] 꿀

Tip [j] 발음은 '이으'에 가깝습니다.

u+모음	[ɥ] [위으]	nuit [뉘] 밤 / nuage [뉘아쥬] 구름

Tip [ɥ] 발음은 '위'에 가깝습니다.

ou+모음	[w] [우으]	oui [위] 네 / jouer [쥬에] 놀다

❺ 자음

🎧 Track 00-06

c 뒤에 a, o, u가 오면 [k]로 발음하고, e, i가 오면 [s]로 발음합니다.		
c	[k]	caravane [까하반느] 캠핑 트레일러 / Corée [꼬헤] 한국 / cuisine [뀌진느] 요리
	[s]	France [프헝쓰] 프랑스 / cinéma [씨네마] 영화, 영화관 / cyclone [씨끌론느] 태풍

Tip 단, c 아래에 cédille를 붙이면 [s] 발음이 납니다.

ça	[싸]	français [프헝쎄] 프랑스어
ço	[쏘]	leçon [르쏭] 과
çu:	[쒸]	reçu [흐쒸] 영수증

g 뒤에 a,o,u가 오면 [g]로 발음하고, e, i, y가 오면 [ʒ]로 발음합니다.		
g	[g]	gare [갸흐] 역 / gomme [곰므] 지우개 / guitare [기따흐] 기타
	[ʒ]	largeur [라흐줴흐] 폭 / gilet [질레] 조끼 / gymnastique [짐나쓰띠끄] 체육, 체조

Tip guerre [게흐] 전쟁, langue [렁그] 언어, bague [바그] 반지와 같이 g뒤에 u가 오면 [g]로 발음하는데, 이때 'u'는 발음 하지 않습니다.

6 h 발음   🎧 Track 00-07

h는 묵음입니다.

homme [옴므] 남자 / habiter [아비떼] 살다

7 l 예외 발음   🎧 Track 00-08

-ail(l)	[아이으]	travail [트하바이으] 일 / ailleurs [아이외흐] 다른 곳에
-eil(l)	[에이으]	sommeil [쏘메이으] 잠 / abeille [아베이으] 꿀벌
-euil(l)	[웨이으]	fauteuil [포뛔이으] 안락의자 / feuille [풰이으] 나뭇잎
-œil(l)	[외이으]	œil [외이으] 눈
-ouil(l)	[우이유]	grenouille [그흐누이으] 개구리
-ill	[이으]	fille [피으] 소녀 / famille [파미으] 가족
예외 -il	[이] [일]	outil [우띠] 도구 / péril [뻬힐] 위험

8 q 발음   🎧 Track 00-09

q 뒤에 나오는 모음자 u는 발음하지 않습니다.

qui [끼] 누구 / que [끄] 무엇 / quoi [꾸아] 무엇

9 ti 발음　🎧 Track 00-10

ti	[ti] [띠]	tigre [띠그흐] 호랑이 / partie [빠흐띠] 부분
	[si] [씨]	révolution [헤볼뤼씨옹] 혁명 / action [악씨옹] 행동, partial [빠흐씨알] 부분적인 / patience [빠씨엉쓰] 인내심

-tio [씨오], -tia [씨아] 의 경우에 t는 [s]로 발음하고, -stio [쓰띠오], -stia [쓰띠아]의 경우는 [t]로 발음합니다.

question [께쓰띠옹] 질문 / bestiaux [베쓰띠오] 가축

10 s 발음　🎧 Track 00-11

s는 단어 중간에서 앞뒤에 모음으로 둘러싸여 있을 때만 [z] 발음이 나고 그 외에는 [s] 발음입니다. ss가 단어 중간에 올 때는 [s]로 발음합니다.

rose [호즈] 장미 / usine [위진느] 공장

pâtisserie [빠띠쓰히] 제과 / passer [빠쎄] 지나가다

11 sc [sk] [s]　🎧 Track 00-12

sc뒤에 a, o, u가 오면 [ska], [sko], [sky]와 같이 발음됩니다.

sca	[ska] [쓰까]	scandale [쓰껑달르] 스캔들
sco	[sko] [쓰꼬]	scolaire [쓰꼴레흐] 학교의
scu	[sky] [쓰뀌]	sculpture [쓰뀔뛰흐] 조각 * 여기에서 p는 예외적으로 발음하지 않습니다.

sc뒤에 e, i가 오면 [si]와 같이 발음됩니다.

sce	[쓰]	sceau [쏘] (군주·국가·단체 따위의) 인감
sci	[씨]	scie [씨] 톱

12 ch, ph, gn 복합자음　🎧 Track 00-13

ch	[ʃ] [슈]	chanson [셩쏭] 노래 / chez [셰] 집에
ph	[f] [프]	photo [포또] 사진
gn	[ɲ] [니으]	montagne [몽딴뉴] 산 / champagne [셩빤뉴] 샴페인

발음 규칙 준비하GO!

1 연음

원래는 발음되지 않던 단어의 끝 자음이 뒤에 모음이나 무음 h로 시작되는 단어를 만나 연음되는 경우가 있습니다.

s/x → z   les enfants [레 정펑], six hommes [씨 좀므]

d → t   quand il [껑 띨]

다음의 경우는 반드시 연음을 해야 합니다.

① 대명사+동사: ils arrivent [일 자히브], elles habitent [엘 자비뜨]

② 동사+대명사: Est-il français ? [에 띨 프헝쎄], Prends-en ! [프헝 정]

③ 한정사+명사: mes amis [메 자미], petit appartement [쁘띠 따빠흐뜨멍]

④ 수식하는 부사+형용사: très heureux [트헤 쾨회], très agréable [트헤 자그헤아블르]

⑤ 전치사+명사 / 대명사 / 관사: en été [어 네떼], chez elle [셰 젤], dans un café [덩 장 꺄페]

하지만 다음과 같은 경우는 연음을 하지 않습니다.

① 명사 주어+동사: Vincent / aime [방쌍 엠므]

② 접속사 et 다음: et / elle [에 엘]

③ 유음 h: des / hollandais [데 올렁데], les / héros [레 에호]

2 무음 h와 유음 h

프랑스어의 h는 발음은 음가 존재 여부와 상관없이 묵음이며, 자체의 발음을 하지 않습니다.
하지만, 음가를 인정해서 하나의 자음으로 보는 경우 유음 h라 하며, 음가를 인정하지 않는 h를
무음 h라고 합니다. 따라서 유음 h는 연음이나 축약을 하지 않으며, 무음 h는 연음과 축약을
합니다.

무음 h	l'homme [롬므] 그 남자 / les hommes [레좀므] 그 남자들
	l'horloge [로흐로쥬] 그 시계 / les horloges [레조흐로쥬] 그 시계들
유음 h	le hibou [르 이부] 그 부엉이 / les hiboux [레 이부] 그 부엉이들
	le haricot [르 아히꼬] 그 강낭콩 / les haricots [레 아히꼬] 그 강낭콩들

3 축약

축약은 모음이나 무음 h로 시작하는 단어가 오면 앞 단어의 끝 모음자가 탈락되는 현상입니다.
이때 모음 생략의 표시로 '(아포스트로프)를 붙입니다. 하지만 모든 모음이 다 축약되는 것은
아니므로 주의해야 합니다. je, de, ne, que, le, la 등의 모음자로 끝나는 1음절 단어만 축약이
일어납니다.

　　je ai → j'ai [줴]

　　de Alice → d'Alice [달리쓰]

　　ne ai → n'ai [네]

　　le homme → l'homme [롬므]

　　que elle → qu'elle [껠]

　　단, si는 il, ils이 올 때에만 s'로 축약됩니다.

　　si il → s'il [씰]

Préparez 문법 맛보GO!

1 명사의 성별

프랑스어의 명사는 성별이 있어 남성명사와 여성명사로 나뉩니다. 먼저 아래와 같이 생물학적으로 정해진 성별에 따라 명사의 성이 결정되는 경우가 있습니다.

남성명사	여성명사
homme 남자	femme 여자
garçon 소년	fille 소녀
prince 왕자	princesse 공주

무생물에도 성별이 있기 때문에 사전을 일일이 찾아보아야 하지만, 대체로 아래의 표와 같이 어미에 따라 성별을 구별할 수 있습니다.

남성형 어미	예	여성형 어미	예
-eau	bateau 배	**-tion**	situation 상황
-ment	appartement 아파트	**-sion**	télévision 텔레비전
-teur	ordinateur 컴퓨터	**-tude**	attitude 태도
-isme	romantisme 낭만주의	**-té**	santé 건강
-phone	téléphone 전화기	**-ure**	voiture 자동차

Tip 명사의 성과 수는 관사나 형용사에도 영향을 끼칩니다. 다소 복잡하게 느껴지더라도 꼭 정확하게 알아 두어야 하는 부분입니다.

2 관사

1 부정관사

셀 수 있는 명사 또는 불특정 명사 앞에 씁니다.

남성 단수	un	un livre 책
여성 단수	une	une photo 사진
남/여 복수	des	des livres 책들 des photos 사진들

② 정관사

특정명사나 총칭적인 의미로 쓰이는 명사 앞에 씁니다. 'le soleil 태양', 'la lune 달'처럼 세상에 하나밖에 없는 명사 앞에도 씁니다.

Tip le, la는 모음이나 무음 h 앞에서 축약해야 합니다.

남성 단수	le (l')	le pull 스웨터, l'homme 남자
여성 단수	la (l')	la jupe 치마, l'école 학교
남/여 복수	les	les pulls 스웨터들 les jupes 치마들

③ 부분관사

셀 수 없는 명사 즉, 추상명사나 물질 명사 및 집합 명사 앞에 사용합니다. 복수 형태 des는 부정관사와 철자가 똑같습니다. 부분관사로서의 des는 파스타나 과일들처럼 한 개 한 개 세지 않아 수의 의미가 없어진 집합 명사 앞에 씁니다.

남성 단수	du (de l')	du lait 우유 / du courage 용기
여성 단수	de la (de l')	de la bière 맥주 / de la musique 음악
복수	des	des pâtes 파스타 / des fruits 과일들

④ 주격 인칭대명사

주격 인칭대명사		주격 인칭대명사	
나는	je 쥬	우리는	nous 누
너는	tu 뛰	당신은	vous 부
그는	il 일	그들은	ils 일
그녀는	elle 엘	그녀들은	elles 엘

Tip 인칭대명사 중 유일하게 축약이 가능한 것은 je입니다. je 다음에 모음이나 무음 h로 시작하는 단어가 올 경우 j'로 축약합니다. 그러나 tu는 모음으로 끝나는 인칭대명사이지만 절대 축약하지 않으므로 유의하세요.

Préparez 프랑스는 어떤 나라?

스웨덴
덴마크
영국
네덜란드
벨기에
독일
폴란드
체코
오스트리아
파리
스위스
프랑스
이탈리아
포르투갈
스페인

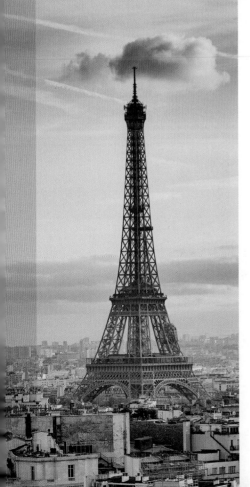

📍 **국가명** 프랑스 공화국 (La République Française)

📍 **수도** 파리 (Paris)

📍 **면적** 675,417㎢ (속령 포함 / 한반도의 3.1배)

📍 **인구** 67,106,161명 ('17. 7, CIA)

📍 **종교** 가톨릭, 무슬림, 개신교, 유대교

📍 **GDP** 2조 4,632억$

📍 **화폐 단위** 유로화(Euro)

출처 대한민국 외교부, The WORLD FACTBOOK (CIA)

이제 프랑스로
출발해 보자GO!

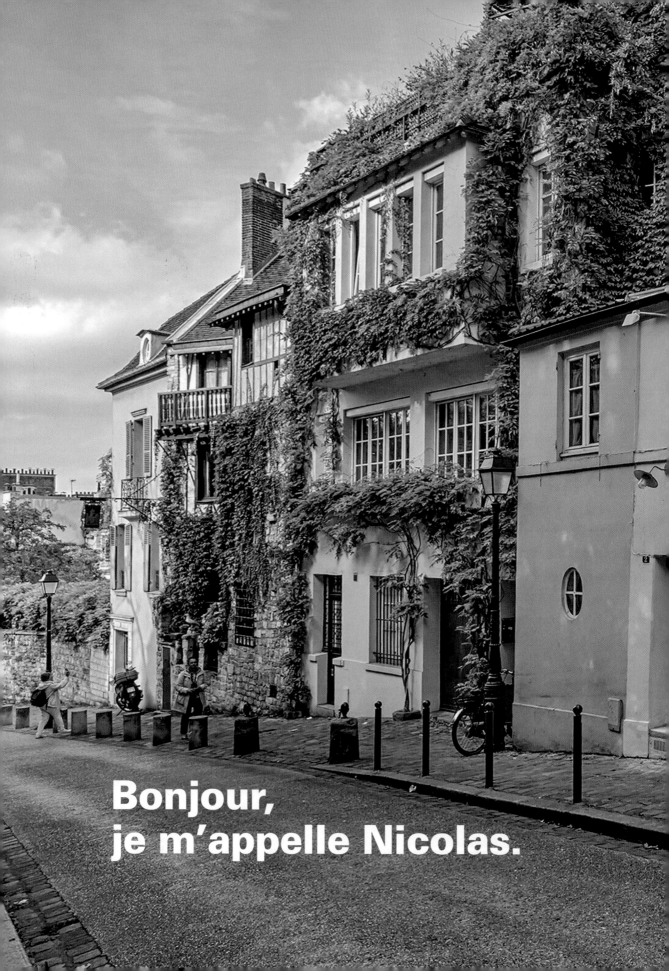

**Bonjour,
je m'appelle Nicolas.**

Leçon

01

Bonjour, je m'appelle Nicolas.

안녕, 내 이름은 니꼴라야.

학습 목표

처음 만난 사람과 자연스럽게
소개 및 안부를 말할 수 있다.

공부할 내용

처음 만나 인사하기
안부 묻기
이름 말하기
être 동사

주요 표현

Bonjour, je m'appelle Nicolas.
Enchanté.
Moi, je suis coréenne.

Parlez

말문 트GO!

🎧 Track 01-01

 Dialogue 1

미나와 니꼴라, 위고가 처음 만나 인사를 합니다.

Nicolas	Bonjour, je m'appelle Nicolas. 봉쥬흐　쥬　마뻴　니꼴라	
Hugo	Bonjour, Nicolas. Je m'appelle Hugo. 봉쥬흐　니꼴라　쥬　마뻴　위고	
Mina	Bonjour, Hugo. Je m'appelle Mina. 봉쥬흐　위고　쥬　마뻴　미나	
	Enchantée. 엉성떼	
Nicolas	Enchanté, Hugo. Bienvenue en 엉성떼　위고　비앙브뉘　엉	
	France ! 프헝쓰	
Hugo	Merci. 메흐씨	

니꼴라	안녕, 내 이름은 니꼴라야.
위고	안녕, 니꼴라. 내 이름은 위고야.
미나	안녕, 위고. 내 이름은 미나야. 반가워.
니꼴라	반가워 위고. 프랑스에 온 걸 환영해!
위고	고마워.

VOCA

bonjour 안녕, 안녕하세요　**je m'appelle** 제 이름은 ~입니다　**enchanté(e)** 매우 기쁜
bienvenue f. 환영　**France** f. 프랑스　**merci** 고마워, 고맙습니다

 • 포인트 잡GO!

❶ bonjour는 낮(오전~해 지기 전)에 서로 만났을 때 하는 가장 일반적인 인사말입니다.

❷ merci는 프랑스에서 흔하게 들을 수 있는 감사의 인사말입니다.

핵심 배우GO!

Clé

1 만났을 때 인사하기

- **Bonjour !** 안녕! / 안녕하세요! (낮 인사)
- **Bonsoir !** 안녕! / 안녕하세요! (저녁 인사)
- **Salut !** 안녕! (친구 사이, 만날 때와 헤어질 때 모두 사용 가능)

2 반가움을 나타내기

- **Enchanté.** 반가워.

	남성	여성
단수	enchanté	enchantée
복수	enchantés	enchantées

3 헤어질 때 인사하기

- **Au revoir !** 잘 가! / 안녕히 가세요!
- **Ciao ! / Tchao !** 잘 가! / 안녕!
- **À bientôt !** 곧 봐요!

 • Remarques

❶ Enchanté는 원래 'Je suis enchanté.' 문장에서 주어와 동사를 생략한 형태입니다.

❷ Ciao ! / Tchao !는 친구 사이에서 격식 없이 편하게 사용하는 작별 인사입니다.

Parlez

말문트GO!

🎧 Track 01-02

 Dialogue 2

위고는 벨기에에서 왔어요. 벨기에는 프랑스어, 독일어, 네덜란드어를 사용합니다.

Léa	Salut ! 쌀뤼	
Hugo	Salut ! Ça va ? 쌀뤼 　 싸 바	
Léa	Oui, ça va. Merci. 위 　싸바 메흐씨	
Mina	Tu es français ? 뛰 에 　프헝쎄	
Hugo	Non, je ne suis pas français. Je suis 농 　쥬 느 쒸 빠 프헝쎄 　쥬 쒸 belge. 벨쥬 Et toi ? 에 뚜아	
Mina	Moi, je suis coréenne. 무아 　쥬 쒸 　꼬헤엔느	

레아 안녕!

위고 안녕! 잘 지내?

레아 응, 잘 지내. 고마워.

미나 너는 프랑스 사람이니?

위고 아니, 나는 프랑스 사람이
아니야, 나는 벨기에 사람이야.
너는?

미나 나, 나는 한국 사람이야.

VOCA   **ça va** 잘 지내, 잘 지내요   **oui** 응, 네   **non** 아니, 아니요   **et** 그리고   **toi** 너   **tu es** 너는 ~이다
je suis 나는 ~이다   **belge** 벨기에 사람(의)   **coréenne** 한국 사람(의), 한국 사람(여성)

 ● 포인트 잡GO!

'Ça va ?', 'Ça va.'는 안부를 묻고 답하는 친근한 표현으로 인칭에 상관없이 사용할 수 있습니다.

핵심 배우GO!

Clé

4 잘 지내는지 말하기

- Ça va ?   잘 지내? / 잘 지내요?
- Ça va. (= Ça va bien.)   잘 지내. / 잘 지내요.
- Bien.   좋아. / 좋아요.
- Très bien.   아주 좋아. / 아주 좋아요.

5 어떻게 지내는지 묻기

- Comment ça va ?   어떻게 지내? / 어떻게 지내세요?
- Comment allez-vous ?   어떻게 지내세요?

6 어느 나라 사람인지 말하기

- Je suis **coréenne**.   나는 **한국 사람(여성)**이야.
- Tu es **coréen**.   너는 **한국 사람(남성)**이야.
- Elle est **française**.   그녀는 **프랑스 사람(여성)**이야.

 • Remarques

프랑스어에서 형용사는 주어의 성과 수에 일치시켜야 합니다. coréen-coréenne, français-française와 같이 국적을 나타내는 형용사 역시 변화형에 유의하여 말할 수 있도록 합니다.

문법 다지GO!

① être 동사 변화

être 동사는 '~(이)다, ~에 있다'라는 의미입니다. 본질, 출신, 신분, 성격, 특징 등을 나타내는 동사로, 주격 인칭대명사에 따라 être 동사 형태는 불규칙 변화합니다.

주격 인칭대명사		être 동사	주격 인칭대명사		être 동사
나는	je 쥬	suis 쒸	우리는	nous 누	sommes 쏨
너는	tu 뛰	es 에	당신(들)은	vous 부	êtes 엣뜨
그는	il 일	est 에	그들은	ils 일	sont 쏭
그녀는	elle 엘	est 에	그녀들은	elles 엘	sont 쏭
우리는	on 옹	est 에	사람들은	on 옹	est 에

// 2인칭 단수 tu는 친한 사이에서, vous는 격식을 갖추어 존칭하는 사이에서 사용합니다.
vous는 2인칭 복수 '당신들', '너희들'로도 쓰입니다.

// 3인칭 il, elle, ils, elles은 성별을 가진 명사를 대신하여 쓰일 수 있습니다.
남성 복수형 ils은 혼성 복수형으로도 쓰입니다.

// on은 '불특정 다수의 일반적인 사람들' 또는 회화체에서 nous 대신으로도 쓰입니다.
단, 동사는 3인칭 단수형을 사용합니다.

// 동사가 모음이나 무음 h로 시작하는 경우 주격 인칭대명사와 연음합니다. 따라서 il est [일 레], elle est [엘 레], on est [오 네], vous êtes [부 젯뜨]로 발음됩니다.

② 강세형 인칭대명사

강세형 인칭대명사는 주어를 강조하거나, 접속사나 전치사 뒤에 쓰입니다. 인칭에 따른 강세형을 각각 살펴봅시다.

moi 무아	나	nous 누	우리
toi 뚜아	너	vous 부	당신, 당신들, 너희들
lui 뤼	그	eux 외	그들
elle 엘	그녀	elles 엘	그녀들

// **주어 강조 역할**

Moi, je suis coréenne.   나, 나는 한국 사람(여성)입니다.

Lui, il est belge.   그, 그는 벨기에 사람(남성)입니다.

// **접속사나 전치사 뒤에 위치**

Je suis belge. Et **toi** ?   나는 벨기에 사람이야. **너는?**

Tu es avec **elle** ?   너는 **그녀**와 함께 있니?

❸ 국적 형용사

être 동사 뒤에 명사나 형용사가 위치할 때, 주어의 성과 수에 따라 명사나 형용사의 성과 수도 일치시켜야 합니다. 주어의 인칭에 따른 국적 형용사의 변화형을 살펴봅시다.

//1 기본적으로 여성형은 남성형에 -e를 붙입니다.

Je suis français.   저는 프랑스 사람(남성)입니다.

Je suis français**e**.   저는 프랑스 사람**(여성)**입니다.

> **같은 예** japonais - japonais**e** 일본 사람(의) / chinois – chinois**e** 중국 사람(의)

//2 남성형이 -en으로 끝났으면 여성형은 -ne를 붙입니다.

Je suis coréen.   저는 한국 사람(남성)입니다.

Je suis corée**nne**.   저는 한국 사람**(여성)**입니다.

> **같은 예** canadien - canadie**nne** 캐나다 사람(의) / italien - italie**nne** 이탈리아 사람(의)

//3 남성형이 -e로 끝났으면 여성형은 형태 변화가 없습니다.

Il est belge.   그는 벨기에 사람입니다.

Elle est belge.   그녀는 벨기에 사람입니다.

> **같은 예** suisse - suisse 스위스 사람(의) / russe - russe 러시아 사람(의)

//4 복수형은 일반적으로 단수형에 -s를 붙여 만듭니다. 이때 s는 발음하지 않습니다.

Je suis coréen.   나는 한국 사람(남성)입니다.

Nous sommes coréen**s**.   우리는 한국 사람**들**입니다.

//5 단수형이 -s로 끝났으면 복수형은 형태 변화가 없습니다. 이때 s는 발음하지 않습니다.

Il est japonais.   그는 일본 사람입니다.

Ils sont japonais.   그들은 일본 사람**들**입니다.

1 프랑스어 인사말을 듣고 써 보세요.   🎧 Track 01-03

// **1**

_____

// **2**

_____

// **3**

_____

// **4**

_____

// **5**

_____

// **6**

_____

2 주격 인칭대명사와 être 동사의 현재 변화형을 알맞게 연결하세요.

// je •	• sommes
// elle •	• est
// tu •	• suis
// ils •	• sont
// nous •	• es
// vous •	• êtes

3 국적 형용사를 이용한 문장으로 아래의 표를 완성해 보세요.

남성	여성	뜻
Je suis coréen.	Je suis _____	나는 한국 사람입니다.
		너는 일본 사람입니다.
		그는 / 그녀는 프랑스 사람입니다.
		우리는 한국 사람입니다.
		당신은 중국 사람입니다.
		그들은 / 그녀들은 벨기에 사람입니다.

4 보기에서 빈칸에 알맞은 강세형 대명사를 넣으세요.

보기	eux	lui	moi

1 Tu es coréen ?   너는 한국 사람이니?

_____, je suis coréen.   나, 나는 한국 사람이야.

2 Tu es japonais. Et _____ ?   너는 일본 사람이구나. 그럼 그는?

_____, il est français.   그, 그는 프랑스 사람이야.

3 Vous êtes avec _____ ?   당신은 그들과 함께 있나요?

Oui, je suis avec _____   네, 저는 그들과 함께 있어요.

---

❶ ① Bonjour ! / ② Bonsoir ! / ③ Salut ! / ④ Au revoir ! / ⑤ À bientôt ! / ⑥ Ça va ?

❷ je-suis / elle-est / tu-es / ils-sont / nous-sommes / vous-êtes

❸

남성	여성	뜻
Je suis coréen.	Je suis coréenne.	나는 한국 사람입니다.
Tu es japonais.	Tu es japonaise.	너는 일본 사람입니다.
Il est français.	Elle est française.	그는 / 그녀는 프랑스 사람입니다.
Nous sommes coréens.	Nous sommes coréennes.	우리는 한국 사람입니다.
Vous êtes chinois.	Vous êtes chinoise.	당신은 중국 사람입니다.
Ils sont belges.	Elles sont belges.	그들은 / 그녀들은 벨기에 사람입니다.

❹ ① Moi ② lui, Lui ③ eux, eux

 프랑스어 인사말을 더 익혀 보세요.

À demain ! 내일 봐요!

À tout à l'heure ! 조금 이따 봐요!

Bonne journée ! 좋은 하루 되세요!

Bonne soirée ! 좋은 저녁 되세요!

À la prochaine ! 다음에 봐요!

À plus (tard) ! 나중에 봐요!

Bon après-midi ! 좋은 오후 되세요!

Bon week-end ! 좋은 주말 보내세요!

Comment ça va ? 어떻게 지내(요)?

Comme ci comme ça. 그럭저럭 지내(요).

Pas mal. 그저 그래(요).

Bon courage ! 힘내세요!

Bonne année ! 새해 복 많이 받으세요!

Bon anniversaire ! / Joyeux anniversaire ! 생일 축하해요!

Bonne chance ! 행운을 빌어요!

Bon voyage ! 즐거운 여행 되세요!

France

프랑스 만나GO!

프랑스의 세계적인 예술가들

프랑스는 세계적인 문화 강대국으로, 자국의 언어를 사랑하며 자신들의 문화적 자산에 대한 긍지도 대단합니다. 그만큼 프랑스에서 배출한 훌륭한 철학자, 작가, 화가, 음악가, 건축가들이 매우 많습니다. 그중에서 특히 잘 알려진 예술가들을 알아볼게요.

....

// Victor Hugo 빅토르 위고

"레 미제라블", "노트르담 드 파리"의 작가로 잘 알려진 프랑스의 대문호. 19세기 프랑스 사회와 문단에 지대한 영향력을 발휘한 작가 겸 정치가입니다.

// Albert Camus 알베르 카뮈

소설가이자 극작가. "이방인", "페스트"와 같은 작품이 유명하며 1957년에 노벨 문학상을 받았습니다.

// Auguste Rodin 오귀스트 로댕

화가이자 조각가. 조각품 '생각하는 사람'으로 잘 알려져 있으며 근대 조각 예술의 시작을 열었다는 평을 받습니다.

// Claude Monet 클로드 모네

대표적인 인상파 화가로, '수련', '소풍' 등의 작품이 유명합니다. 빛에 따른 색의 변화를 포착하는 표현 기법이 두드러진 특징입니다.

// Gustave Eiffel 구스타브 에펠

프랑스의 건축가이자 엔지니어. 1889년 프랑스 혁명 100주년 기념으로 열린 파리 만국 박람회를 위해 에펠 탑을 건설했으며, 미국 뉴욕에 있는 자유의 여신상 구조를 설계하기도 했습니다.

Je parle français
et allemand.

Leçon

02

Je parle français
et allemand.

나는 프랑스어와 독일어를 해.

＼ 학습 목표

직업을 묻고 답할 수 있다.
구사할 수 있는 언어를 묻고 답할 수
있다.

＼ 공부할 내용

여러 가지 언어 이름
parler 동사
성격, 외모 묘사하기
직업명사

＼ 주요 표현

Je suis étudiante.
Je parle français et allemand.
Tu es très sympa.

Parlez

말문트GO!

🎧 Track 02-01

 Dialogue 1

미나와 니꼴라는 학생입니다. 위고의 직업은 무엇일까요?

Hugo	Est-ce que vous êtes étudiants ? 에 스 끄 부 젯뜨 제뛰디엉
Mina	Oui, je suis étudiante à l'université 위 쥬 쒸 제뛰디엉뜨 아 뤼니베흐씨떼 Paris Nanterre. 빠히 넝떼흐
Nicolas	Moi, je suis étudiant à l'université 무아 쥬 쒸 제뛰디엉 아 뤼니베흐씨떼 Paris 1. 빠히 앙 Tu n'es pas étudiant ? 뛰 네 빠 제뛰디엉
Hugo	Non, je ne suis pas étudiant. 농 쥬 느 쒸 빠 제뛰디엉 Je suis journaliste. 쥬 쒸 쥬흐날리스뜨

위고 너희들은 학생이니?

미나 응, 나는 파리 낭테르 대학
학생이야.

니꼴라 나, 나는 파리 1대학 학생이야.
너는 학생이 아니니?

위고 응, 나는 학생이 아니야.
나는 기자야.

VOCA **étudiant(e)** 학생, 대학생 **université** f. 대학교 **journaliste** 기자

 ● 포인트 잡GO!

❶ 부정문은 동사의 앞에 'ne(n')', 뒤에는 'pas'를 넣습니다.

❷ 'Tu n'es pas étudiant ? 너는 학생이 아니니?'와 같이 부정형으로 질문한 경우,
'응' 또는 '네'에 해당하는 대답은 'non'으로 말해야 합니다.

핵심 배우GO!

Clé

1 학생인지 묻기

- Vous êtes **étudiant** ?　　　　당신은 (남)학생입니까?
- Est-ce que vous êtes **étudiante** ?　　당신은 (여)학생입니까?
- Êtes-vous **étudiants** ?　　　　당신들은 **학생들**입니까?

2 직업 답하기

- **Je suis** étudiant(e).　　　　나는 남(여)학생입니다.
- **Il est** journaliste.　　　　그는 기자입니다.
- **Elle est** musicienne.　　　　그녀는 음악가입니다.
- **Ils sont** professeurs.　　　　그들은 선생님들입니다.

3 프랑스의 학제 알기

- école maternelle　　　　f. 유치원
- école primaire　　　　f. 초등학교
- collège　　　　m. 중학교
- lycée　　　　m. 고등학교
- université　　　　f. 대학교

• Remarques

❶ 의문문을 만드는 방법은 세 가지가 있습니다.
'Vous êtes étudiant. 당신은 학생입니다.'를 세 가지 의문문으로 만들어 봅시다.

① 긍정문에 물음표 붙이기　　　　　　Vous êtes étudiant ?
② 긍정문 앞에 Est-ce que(qu') 넣기　　Est-ce que vous êtes étudiant ?
③ 주어와 동사의 위치 바꾸기　　　　　Êtes-vous étudiant ?

❷ 직업을 나타내는 명사 역시 주어의 성과 수에 일치시켜야 합니다.

Parlez

 Track 02-02

💬 Dialogue 2

미나와 위고는 어떤 언어를 할 줄 아나요?

Mina	Tu parles bien français ! 뛰 빠흘르 비앙 프헝쎄
Hugo	Oui, je parle français et allemand. 위 쥬 빠흘르 프헝쎄 에 알멍 Et toi, tu parles coréen et français ? 에 뚜아 뛰 빠흘르 꼬헤앙 에 프헝쎄
Mina	Oui, je parle aussi japonais. 위 쥬 빠흘르 오씨 쟈뽀네 Mais je ne parle pas chinois. 메 쥬 느 빠흘르 빠 쉬누아
Hugo	Tu es très sympa. 뛰 에 트헤 쌍빠
Mina	Merci. Je suis ravie de te connaître. 메흐씨 쥬 쉬 하비 드 뜨 꼬네트흐
Hugo	Moi aussi, enchanté. 무아 오씨 엉셩떼

미나	너는 프랑스어를 잘하는구나!
위고	응, 나는 프랑스어와 독일어를 해. 그럼 넌, 너는 한국어와 프랑스어를 하니?
미나	응, 나는 일본어도 해. 하지만 중국어는 못해.
위고	너는 참 상냥하구나.
미나	고마워. 나는 너를 알게 되어서 기뻐.
위고	나도 그래, 반가워.

VOCA parles 동사 'parler 말하다'의 2인칭 단수 현재형 변화 **français** m. 프랑스어 **anglais** m. 영어 **coréen**
m. 한국어 **japonais** m. 일본어 **chinois** m. 중국어 **mais** 그러나, 하지만 **sympa** 상냥한, 좋은 **ravi(e)**
기쁜 **te** 너를 **connaître** 알다 **aussi** 역시, 또한

 ● **포인트 잡GO!**

❶ 언어명은 항상 남성 단수형으로 씁니다.

❷ sympa는 'sympathique 상냥한, 호감적인, 성격이 좋은'의 줄임 표현입니다.

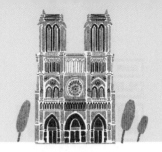

핵심 배우GO!

Clé

---

4 할 줄 아는 언어 말하기

- Je **parle coréen**. 　　　　　　　　　나는 **한국어를** 합니다.
- Vous **parlez anglais**. 　　　　　　　당신은 **영어를** 합니다.
- Tu **parles** bien **français**. 　　　　너는 **프랑스어를** 잘하는구나.
- Tu **parles** très bien **français**. 　너는 **프랑스어를** 매우 잘하는구나.

---

5 성격 말하기

- Tu es **sympa**. 　　　　　　　　　너는 **상냥하구나**.
- Il est **antipathique**. 　　　　　그는 **비호감적입니다**.
- Elle est **gentille**. 　　　　　　그녀는 **친절합니다**.
- Vous êtes **sociable**. 　　　　　당신은 **사교적입니다**.

---

6 소개 자리에서 인사하기

- Je suis ravi de **te rencontrer**. 　나는 **너를** 만나게 되어서 기뻐.
- Je suis ravie de **vous connaître**. 　저는 **당신을** 알게 되어서 기쁩니다.

 • Remarques

❶ 'parler 말하다'+'언어명'은 '(언어를) 하다'라고 해석합니다. 이때 언어명 앞에 일반적으로 관사를 쓰지 않습니다.

❷ 'être ravi(e) de+동사 원형'은 '~하게 되어 기쁘다'를 의미합니다.

● Retenez 문법 다지GO!

① 'ne(n')+동사+pas' 부정문

동사의 앞에 'ne(n')', 뒤에는 'pas'를 넣어 부정의 뜻을 나타냅니다. ne 뒤에 모음 또는 무음 h로 시작하는 단어가 오면 n'로 축약합니다.

Je **ne** suis **pas** étudiant. 나는 학생이 **아닙니다**.	Nous **ne** sommes **pas** japonais. 우리는 일본 사람이 **아닙니다**.
Tu **n'**es **pas** journaliste. 너는 기자가 **아니다**.	Vous **n'**êtes **pas** belge. 당신은 벨기에 사람이 **아닙니다**.
Il **n'**est **pas** secrétaire. 그는 비서가 **아닙니다**.	Ils **ne** sont **pas** anglais. 그들은 영국 사람이 **아닙니다**.
Elle **n'**est pas secrétaire. 그녀는 비서가 **아닙니다**.	Elles **ne** sont **pas** anglaises. 그녀들은 영국 사람이 **아닙니다**.

② 직업명사의 성 변화

대부분의 직업명사는 남성형에 -e를 붙여 여성형을 만듭니다.

// 학생 étudiant – étudiant**e**

'médecin 의사'와 같이 남성형만 있는 직업도 있습니다.
또 다른 여성형 변화 규칙 및 일부 불규칙 변화하는 직업명사들은 따로 암기해야 합니다.

③ 품질형용사의 성 변화

앞서 배웠던 국적을 나타내는 형용사와 마찬가지로, 모양, 색, 성질, 특징을 나타내는 품질형용사 역시 주어의 성에 따라 변화합니다.

// 남성형에 -e를 붙여 여성형을 만드는 경우

Il est grand. 그는 키가 큽니다. / Elle est grand**e**. 그녀는 키가 큽니다.

// 남성형과 여성형이 동일한 경우

Il est **jeune**. 그는 젊습니다. / Elle est **jeune**. 그녀는 젊습니다.

// 남성형과 여성형의 형태가 아예 다른 경우

Il est **beau**. 그는 잘생겼습니다. / Elle est **belle**. 그녀는 아름답습니다.

4 의문문 만들기

프랑스어에서 의문문을 만드는 세 가지 방법 및 주의할 점을 알아봅시다.

// 평서문을 그대로 쓰되 문장 끝에 물음표를 붙이고 억양을 올려 발음

Vous parlez français ? 당신은 프랑스어를 하십니**까?**

// 문장 앞에 'Est-ce que(qu')' 첨가

Est-ce que vous parlez français ? 당신은 프랑스어를 하십니**까?**

> **Tip** que 다음에 모음 또는 무음 h로 시작하는 단어가 오면 qu'로 축약합니다.

> **예** Est-ce que il parle coréen ? (x) → Est-ce qu'il parle coréen ? (o) 그는 한국어를 합니까?

// 주어와 동사의 어순 도치

Parlez-vous français ? 당신은 프랑스어를 하십니까?

도치 의문문에서는 반드시 주어와 동사 사이에 연결 부호 '-'를 넣어야 합니다. 이때 주어가 모음으로 시작하는 3인칭인 경우 모음 충돌을 피하기 위해 동사와 주어 사이에 '-t-'를 넣습니다.

> **예** Parle-t-il anglais ? 그는 영어를 합니까?

5 1군 규칙 동사 parler 활용

프랑스어의 동사는 총 3군으로 나누며, 주어의 인칭 변화에 따라 동사의 어미가 규칙적으로 변화하는 1, 2군 동사와 불규칙적으로 변화하는 3군 동사가 있습니다. 그중 어미가 -er로 끝나는 1군 규칙 동사 'parler 말하다'의 현재 변화 형태를 활용해 봅시다.

parler 말하다			
je	parle	nous	parlons
tu	parles	vous	parlez
il/elle/on	parle	ils/elles	parlent

// 'parler+무관사 언어명'으로 '~언어를 하다'를 나타낼 수 있습니다. 언어명은 남성 단수이며 parler 동사 다음에는 일반적으로 관사를 쓰지 않습니다.

Je parle français. 나는 프랑스어를 합니다.	Nous parlons allemand. 우리는 독일어를 합니다.
Tu parles anglais. 너는 영어를 한다.	Vous parlez espagnol. 당신은 스페인어를 합니다.
Il parle coréen. 그는 한국어를 합니다.	Ils parlent japonais. 그들은 일본어를 합니다.
Elle parle italien. 그녀는 이탈리아어를 합니다.	Elles parlent chinois. 그녀들은 중국어를 합니다.

1 다양한 직업명사를 듣고 써 보세요. 🎧 Track 02-03

// **1**

_____

// **2**

_____

// **3**

_____

// **4**

_____

// **5**

_____

2 다음 평서문을 세 가지 방법으로 의문문을 만들어 보세요.

// **1** Vous êtes journaliste. 당신은 기자입니다.

⋯▸

⋯▸

⋯▸

// **2** Il est chanteur. 그는 가수입니다.

⋯▸

⋯▸

⋯▸

// **3** Elles sont actrices. 그녀들은 배우들입니다.

⋯▸

⋯▸

⋯▸

3 보기에서 빈칸에 들어갈 알맞은 형용사를 찾아 문장을 완성하세요.

| 보기 | grand | antipathique | belle | jeune |

//**1** 당신은 젊습니다.　　　　　Vous êtes _____.

//**2** 그는 키가 큽니다.　　　　　Il est _____.

//**3** 너는 아름답다.　　　　　　Tu es _____.

//**4** 그녀는 비호감적입니다.　　Elle est _____.

4 다음 질문에 긍정 또는 부정문으로 답하여 문장을 완성하세요.

//**1** Est-ce que vous parlez anglais ?

Non, _____

* 여기에서 vous는 '당신'이라는 의미입니다.

//**2** Tu parles français ?

Oui, _____

//**3** Parle-t-elle japonais ?

Non, _____

❶ ① professeur ② étudiante ③ musicien ④ secrétaire ⑤ journaliste
❷ ① Vous êtes journaliste ? / Est-ce que vous êtes journaliste ? / Êtes-vous journaliste ?
　② Il est chanteur ? / Est-ce qu'il est chanteur ? / Est-il chanteur ?
　③ Elles sont actrices ? / Est-ce qu'elles sont actrices ? / Sont-elles actrices ?
❸ ① jeune ② grand ③ belle ④ antipathique
❹ ① je ne parle pas anglais. / ② je parle français. / ③ elle ne parle pas japonais.

직업명사의 성별 변화형 알아보기

남성형	여성형	남성형	여성형	뜻
-en	-en**ne**	musicien pharmacien	musicien**ne** pharmacien**ne**	음악가 약사
-er	-**è**re	boulanger pâtissier	boulang**è**re pâtiss**iè**re	제빵사 파티시에
-eur	-eu**se**	serveur chanteur	serveu**se** chanteu**se**	웨이터 가수
-teur	-**trice**	directeur acteur	direc**trice** ac**trice**	사장 배우

많이 쓰이는 형용사의 성별 변화형 알아보기

유형	남성형	여성형	뜻
남성형에 -e를 붙여 여성형 을 만드는 경우	grand	grand**e**	큰
	petit	petit**e**	작은
	joli	joli**e**	예쁜
	méchant	méchant**e**	심술궂은, 못된
남성형과 여성형이 동일한 경우 (즉, 남성형이 -e로 끝나는 경우)	sympathique	sympathique	호감적인
	antipathique	antipathique	비호감적인
	mince	mince	날씬한
	moche	moche	못생긴
남성형과 여성형의 형태가 아예 다른 경우 (불규칙형)	**beau**	**belle**	잘생긴, 아름다운
	gentil	gent**ille**	친절한, 착한
	vieux	vie**ille**	늙은
	gros	gros**se**	뚱뚱한, 살찐

France

프랑스 만나GO!

파리에는 파리1대학(Paris I)부터 파리13대학(Paris XIII)까지 13개의 국립 대학이 있습니다. 숫자로 불리기도 하지만 대학마다 고유의 이름도 있습니다.

대학	명칭	발음
1대학	Université Panthéon Sorbonne	위니베흐씨떼 빵떼옹 쏘흐본느
2대학	Université Panthéon-Assas	위니베흐씨떼 빵떼옹 아싸쓰
3대학	Université Sorbonne Nouvelle	위니베흐씨떼 쏘흐본느 누벨
4대학	Université Paris-Sorbonne	위니베흐씨떼 빠히 쏘흐본느
5대학	Université Paris Descartes	위니베흐씨떼 빠히 데까흐뜨
6대학	Université Pierre et Marie Curie (UPMC)	위니베흐씨떼 삐에흐 에 마히 뀌히
7대학	Université Paris Diderot	위니베흐씨떼 빠히 디드호
8대학	Université Vincennes Saint-Denis	위니베흐씨떼 방쎈느 쌍 드니
9대학	Université Paris Dauphine	위니베흐씨떼 빠히 도핀느
10대학	Université Paris Nanterre	위니베흐씨떼 빠히 넝떼흐
11대학	Université Paris-Sud	위니베흐씨떼 빠히 쒸드
12대학	Université Paris-Est Créteil Val de Marne	위니베흐씨떼 빠히 에쓰뜨 크헤떼이으 발 드 마흔느
13대학	Université Paris Nord	위니베흐씨떼 빠히 노흐

// 파리 1~7대학, 9대학은 파리 시내에 있고, 8대학과 10~13대학까지는 파리 외곽 지역에 위치해 있습니다. 파리 5, 6구에는 많은 대학과 고등 교육 기관이 집중되어 있어 이 지역을 'Le Quartier Latin 라틴 구역'이라고 하는데, 이는 중세에 학문 언어가 라틴어였던 데서 붙은 이름입니다. 라틴 구역은 언제나 학생들이 오가며 활기찬 분위기를 띠고, 식당과 카페도 즐비하여 관광객으로 붐비는 곳이기도 합니다.

J'adore le shopping et la musique.

나는 쇼핑과 음악을 무척 좋아해.

＼ 학습 목표
어디에 사는지 말할 수 있다.
취미와 좋아하는 것을 말할 수 있다.

＼ 공부할 내용
사는 곳 묻고 답하기
좋아하는 것 말하기
정관사
1군 동사 어휘

＼ 주요 표현
J'habite à Bruxelles en Belgique.
J'étudie la science politique.
J'aime le football et la natation.

말문 트GO!

Parlez

🎧 Track 03-01

 Dialogue 1

니꼴라와 미나는 파리에 삽니다. 위고는 어디에 살까요?

Hugo	Est-ce que vous habitez à Paris ? 에 스 끄 부 자비떼 아 빠히
Mina	Oui, nous habitons à Paris. 위 누 자비똥 아 빠히
	Et toi, tu habites où ? 에 뚜아 뛰 아빗 뚜
Hugo	J'habite à Bruxelles en Belgique. 자빗 따 브휙쎌 엉 벨지끄
	Je travaille pour le magazine « Sport ». 쥬 트하바이으 뿌흐 르 마갸진 스뽀흐

위고	너희들은 파리에 사니?
미나	응, 우리는 파리에 살아.
	그럼 넌, 너는 어디에 사니?
위고	나는 벨기에 브뤼셀에 살아.
	나는 "운동"이라는 잡지에서
	일해.

> **VOCA** **habitez** 동사 'habiter 살다'의 2인칭 복수 현재 변화형 **habitons** 동사 'habiter 살다'의 1인칭 복수 현재 변화형
> **à** ~에 **où** 어디에 **travaille** 동사 'travailler 일하다'의 1인칭 단수 현재 변화형 **magazine** m. 잡지
> **pour** ~을(를) 위해 **sport** m. 운동

 • **포인트 잡GO!**

je 뒤에 모음이 오거나 무음 h로 시작하는 동사가 오면 j'habite와 같이 축약형이 됩니다.

핵심 배우GO!

1 어느 도시에 사는지 묻기

- Vous habitez **à Rome** ? 　　　　　　당신은 **로마**에 삽니까?
- Est-ce que tu habites **à Londres** ? 　너는 **런던**에 사니?
- Est-ce qu'elle habite **à Montréal** ? 　그녀는 **몬트리올**에 삽니까?

2 어디에 사는지 묻기

- Tu habites **où** ? 　　　　　　　　　너는 **어디**에 살아?
- **Où** est-ce que tu habites ? 　　　　너는 **어디**에 살아?
- **Où** habites-tu ? 　　　　　　　　　너는 **어디**에 살아?

3 어디에 사는지 답하기

- **J'habite** en France. 　　　　　　　나는 프랑스에 **삽니다**.
- **Elle habite** au Canada. 　　　　　　그녀는 캐나다에 **삽니다**.
- **Vous habitez** aux États-Unis. 　　　당신은 미국에 **삽니다**.

• Remarques

❶ 도시명 앞에 'à+무관사'로 '~에'라는 뜻을 만듭니다. 도시명 앞에는 관사를 쓰지 않습니다.

❷ 남성 국가명 앞에는 au, 여성 국가명 앞에는 en, 'les États-Unis 미국'과 같은 복수 국가명 앞에는 aux를 붙여 '~에, ~에서'의 의미를 나타냅니다.

Parlez

🎧 Track 03-02

💬 **Dialogue 2**

위고와 미나, 니꼴라의 취미는 무엇일까요?

Hugo	Qu'est-ce que vous étudiez ? 께스 끄 부 제뛰디에
Mina	J'étudie la science politique et Nicolas 제뛰디 라 씨엉쓰 뽈리띠끄 에 니꼴라 étudie l'économie. 에뛰디 레꼬노미
Hugo	D'accord. Et est-ce que vous aimez le 다꼬흐 에 에스 끄 부 제메 르 sport ? 스뽀흐
Nicolas	Oui, j'aime le football et la natation. 위 젬 르 풋볼 에 라 나따씨옹
Mina	Moi, je n'aime pas beaucoup le sport 무아 쥬 넴 빠 보꾸 르 스뽀흐 mais j'adore le shopping et la musique. 메 쟈도흐 르 쇼삥 에 라 뮈지끄
Hugo	Moi, j'aime le sport et aussi le shopping. 무아 젬 르 스뽀흐 에 오씨 르 쇼삥

위고 너희들은 무엇을 공부하니?

미나 나는 정치학을 공부하고
니꼴라는 경제학을 공부해.

위고 그렇구나. 그리고 너희들은 운동을
좋아하니?

니꼴라 응, 나는 축구와 수영을 좋아해.

미나 나, 나는 운동은 별로 좋아하지
않지만 쇼핑과 음악을 무척
좋아해.

위고 나, 나는 운동을 좋아하고 쇼핑도
좋아해.

 VOCA que(qu') 무엇 **étudiez** 동사 'étudier 공부하다'의 2인칭 복수 현재 변화형 **étudie** 동사 'étudier 공부하다'의 1, 3인칭 단수 현재 변화형 **science politique** f. 정치학 **économie** f. 경제, 경제학 **d'accord** 알겠어 **aimez** 동사 'aimer 좋아하다, 사랑하다'의 2인칭 복수 현재 변화형 **aime** 동사 'aimer 좋아하다, 사랑하다'의 1인칭 단수 현재 변화형 **football** m. 축구 **natation** f. 수영 **beaucoup** 많이 **adore** 동사 'adorer 많이 좋아하다'의 1인칭 단수 현재 변화형 **shopping** m. 쇼핑 **musique** f. 음악

 ● **포인트 잡GO!**

aimer 동사와 adorer 동사는 모음으로 시작하므로, 위의 대화에서처럼 je 뒤에 위치할 땐 앞에서 배운 habiter 동사처럼 축약되어 j'aime, j'adore가 됩니다.

4 무엇을 공부하는지 묻기

- **Qu'est-ce que** vous étudiez ? 당신은 **무엇을** 공부합니까?
- **Qu'est-ce que** tu étudies ? 너는 **무엇을** 공부하니?

5 수긍, 동의 밝히기

- D'accord. 알겠어. / 좋아. / 그래.
- O.K. (= Okay.) 오케이.
- Parfait. 완벽해.
- Très bien. 아주 좋아.

6 무엇을 좋아하는지 묻고 답하기

- Est-ce que vous aimez **le football** ? 당신은 **축구를** 좋아합니까?
- Est-ce qu'il aime **le café** ? 그는 **커피를** 좋아합니까?
- Elle adore **la musique classique**. 그녀는 **클래식 음악을** 무척 좋아합니다.

🎯 **• Remarques**

❶ aimer나 adorer와 같이 기호를 나타내는 동사 뒤에 명사가 올 땐 반드시 명사 앞에 정관사를 동반합니다. 프랑스어의 정관사는 le(l') / la(l') / les가 있습니다.

❷ aimer는 '좋아하다, 사랑하다', adorer는 '열렬히 사랑하다, 매우 좋아하다'의 뜻입니다.

❸ 'la musique classique 클래식 음악'처럼, 형용사는 일반적으로 명사 뒤에 위치합니다.

1 habiter 동사 변화

1군 동사 'habiter 살다'의 현재형 변화를 알아봅시다.

habiter 살다			
j'	habit**e**	nous	habit**ons**
tu	habit**es**	vous	habit**ez**
il/elle/on	habit**e**	ils/elles	habit**ent**

∕∕ 1인칭 주격 인칭대명사 je는 뒤에 모음이나 무음 h로 시작하는 동사가 오면 축약하므로 j'habite로 씁니다.
또한 nous, vous, ils, elles은 뒤에 모음이나 무음 h로 시작하는 동사가 오면 연음하여 발음합니다.

> **예** nous habitons 누 자비똥   vous habitez 부 자비떼
>
> ils habitent 일 자비뜨   elles habitent 엘 자비뜨

2 à+도시 이름

어느 도시에 사는지 말할 때, 도시 이름 앞에 전치사 à를 붙여 '~도시에'로 말합니다. 또한 도시명 앞에는 관사를 쓰지 않습니다. 도시명은 프랑스식으로 써야 하는 경우도 많으니 바른 프랑스어 표기를 알아 두어야 합니다.

> **예** à Rome 로마에   à Londres 런던에
>
> à Pékin 베이징에 (= à Beijing)   à Séoul 서울에

3 au / en / aux+국가 이름

어느 나라에 사는지 말할 때, 국가 이름의 성과 수에 따라 남성 국가명 앞에는 au, 여성 국가명 앞에는 en, 복수 국가명 앞에는 aux를 붙입니다. 단, 'Iran 이란'처럼 모음으로 시작하는 남성 국가인 경우에는 en을 씁니다. au, en, aux 다음에는 관사 없이 국가명을 쓰는 데 유의합니다.

> **예** J'habite **au** Japon. 나는 일본**에** 삽니다.
>
> Tu habites **en** Corée. 너는 한국**에** 삽니다.
>
> Elle habite **aux** États-Unis. 그녀는 미국**에** 삽니다.

4 **의문사 où 어디**

의문사 où는 장소를 물을 때 사용합니다. 의문사를 사용한 의문문은 아래와 같은 방법으로 만들 수 있습니다.

// 주어와 동사의 어순을 도치하는 경우

    Où **habitez-vous** ? 당신은 어디에 삽니까?

// est-ce que를 넣는 경우

    Où **est-ce que** vous habitez ?

// 의문사를 문장 맨 뒤에 넣는 경우

    Vous habitez **où** ?

5 **정관사**

정관사는 명사 앞에 붙어서 한정의 뜻을 나타냅니다. 총칭적인 대상을 가리키거나, 'le soleil 태양', 'la Terre 지구'와 같이 유일한 대상을 나타내기도 합니다. 아래의 표로 형태와 예시를 살펴보세요.

남성 단수	le (l')	le football 축구	l'homme 남자
여성 단수	la (l')	la musique 음악	l'école 학교
남/여 복수	les	les livres 책들	les voitures 자동차들

// le / la 다음에 모음이나 무음 h가 올 땐 축약을 해서 l'로 씁니다.

    예 le homme (x) → l'homme (o) 그 남자

    la école (x) → l'école (o) 그 학교

// les 뒤에 모음이나 무음 h가 오면 연음하여 발음합니다.

    예 les hommes 레 좀, les écoles 레 제꼴

6 **aimer / adorer+정관사+명사**

'좋아하다'의 뜻을 가진 aimer와 adorer동사는 명사와 함께 쓰이는 경우가 많은데, 이때 명사 앞 관사는 정관사를 씁니다. aimer / adorer 동사 뒤에는 총칭적인 의미를 가지는 명사들이 오기 때문이며, 부정문에서도 정관사는 변화하지 않습니다.

    예 J'aime **le** football. 나는 축구를 좋아합니다.

    Elle adore **la** musique. 그녀는 음악을 무척 좋아합니다.

    Je n'aime pas **le** sport. 나는 운동을 좋아하지 않습니다.

Écrivez 실력 높이 GO!

1 '인칭대명사+habiter 동사 / aimer 동사'를 듣고 써 보세요. 🎧 Track 03-03

//**1**
_____

//**2**
_____

//**3**
_____

//**4**
_____

//**5**
_____

2 다음 우리말을 보고 빈칸에 들어갈 알맞은 전치사를 쓰세요.

보기	au	à	aux	en

//**1** 당신은 파리에 삽니까 ? Est-ce que vous habitez _____ Paris ?

//**2** 그녀는 일본에 삽니다. Elle habite _____ Japon.

//**3** 그들은 프랑스에 삽니다. Ils habitent _____ France.

//**4** 너는 미국에 사니? Tu habites _____ États-Unis ?

//**5** 나는 서울에 삽니다. J'habite _____ Séoul.

3 다음 질문에 긍정 또는 부정문으로 대답하세요.

//**1** Est-ce que vous travaillez ? 당신은 일을 합니까?
Oui, _____

//**2** Tu étudies la sociologie ? 너는 사회학을 공부하니?
Non, _____

//**3** Aimez-vous le cinéma ? 당신은 영화를 좋아합니까?
Oui, _____

//**4** Est-ce qu'ils habitent au Canada ? 그들은 캐나다에 삽니까?
Non, _____

4 다음 명사의 성과 수, 철자와 무음 h 여부에 주의해서 알맞은 정관사를 써 보세요.

① _____ garçon m. 소년   ② _____ fille f. 소녀, 딸

③ _____ homme m. 남자   ④ _____ femme f. 여자, 아내

⑤ _____ sport m. 운동   ⑥ _____ cinéma m. 영화

⑦ _____ natation f. 수영   ⑧ _____ football m. 축구

⑨ _____ voiture f. 자동차   ⑩ _____ shopping m. 쇼핑

⑪ _____ musique f. 음악   ⑫ _____ théâtre m. 연극

⑬ _____ école f. 학교   ⑭ _____ lecture f. 독서

⑮ _____ croissant m. 크루아상   ⑯ _____ baguette f. 바게트

⑰ _____ gâteau m. 케이크   ⑱ _____ train m. 기차

⑲ _____ livre m. 책   ⑳ _____ maison f. 집

---

❶ ① J'habite. / ② Il habite. / ③ Vous habitez. / ④ J'aime. / ⑤ Elles aiment.

❷ ① à ② au ③ en ④ aux ⑤ à

❸ ① je travaille. / ② je n'étudie pas la sociologie. / ③ j'aime le cinéma. / ④ ils n'habitent pas au Canada.

❹ ① le ② la ③ l' ④ la ⑤ le ⑥ le ⑦ la ⑧ le ⑨ la ⑩ le ⑪ la ⑫ le ⑬ l' ⑭ la ⑮ le ⑯ la ⑰ le ⑱ le ⑲ le ⑳ la

Mots

 어휘
늘리GO!

나라 이름

// 다양한 나라 이름을 알맞은 관사와 함께 말해 보세요.

la France	프랑스	le Canada	캐나다
l'Allemagne	독일	les États-Unis	미국
l'Angleterre	영국	le Mexique	멕시코
la Belgique	벨기에	la Corée	한국
l'Espagne	스페인	la Chine	중국
la Grèce	그리스	le Japon	일본
l'Italie	이탈리아	les Philippines	필리핀
le Portugal	포르투갈	le Vietnam	베트남
la Russie	러시아	l'Iran	이란
la Suisse	스위스	le Maroc	모로코

주요 1군 동사 어휘와 변화형

1군 동사로는 아래와 같은 어휘들이 있습니다. habiter 동사의 변화형과 동일하므로 반복 연습해 보세요.

chercher 찾다	aimer 좋아하다	adorer 무척 좋아하다	étudier 공부하다
travailler 일하다, 공부하다	regarder 보다	écouter 듣다	passer 지나가다
déjeuner 점심 식사하다	dîner 저녁 식사하다	marcher 걷다	fumer 흡연하다
arriver 도착하다	rester 머무르다	visiter 방문하다	inviter 초대하다
donner 주다	aider 돕다	détester 몹시 싫어하다	jouer 놀다

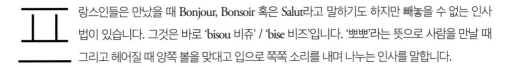

France

프랑스 만나GO!

프랑스식 인사법, 'Bisou 비쥬'

프랑스인들은 만났을 때 Bonjour, Bonsoir 혹은 Salut라고 말하기도 하지만 빼놓을 수 없는 인사법이 있습니다. 그것은 바로 'bisou 비쥬' / 'bise 비즈'입니다. '뽀뽀'라는 뜻으로 사람을 만날 때 그리고 헤어질 때 양쪽 볼을 맞대고 입으로 쪽쪽 소리를 내며 나누는 인사를 말합니다.

그렇다면 이런 인사는 어떤 사이에서 그리고 어떤 상황에서 할까요? 일반적으로 서로 아는 사이, 친한 사이에서 비쥬를 하지만 처음 만나는 사람과 하는 경우도 있습니다. 우리나라 문화에서는 이해하기 어려울 수 있지만 이렇게 비쥬를 함으로써 상대방과의 거리감도 좁히고 더 가까이 다가갈 수 있습니다. 만약 비쥬를 하지 않으면 프랑스인들은 어떻게 생각할까요? 일반적으로 거리를 두고 싶어한다고 여기거나 수줍음이 많다고 생각할 수도 있습니다. 그러므로 조금 어색하더라도 프랑스인들처럼 비쥬를 하며 인사해 보세요. 더 빨리 친해질 수 있을 것입니다.

비쥬의 횟수는 지역마다 다릅니다. 보통 파리에서는 양쪽 볼에 한 번씩 하는데, 다른 지역은 3~4번까지 하는 곳도 있습니다. 흥미로운 것은 쪽쪽 소리를 내고 비쥬를 하면서 인사말을 건네고, 안부를 묻기도 합니다. 인사와 안부 주고받기를 한번에 다 하는 것이지요.

'bisou 비쥬' 혹은 'bise 비즈' 라는 표현을 편지에서도 자주 사용합니다. 친한 사람에게 편지를 쓸 때 마지막 문구로 bisous 혹은 bises (일반적으로 복수 형태로 쓰임)를 '안녕', '잘 있어'라는 의미로 쓰고 내용을 마무리합니다. 전화상으로도 '그럼, 잘 있어'라는 의미로 'Allez [알레] (자, 어서, 그럼), bisous 혹은 gros bisous [그호 비쥬]'라고 말하며 통화를 마무리하지요. 여기서 gros는 '큰, 뚱뚱한'이라는 뜻이지만 인사 표현에서는 조금 더 친근한 의미를 나타내는 데 쓰이므로 따로 해석하지 않습니다.

C'est vraiment
magnifique !

Leçon

04

C'est vraiment magnifique !
정말 멋져!

＼ **학습 목표**
사물을 소개하고 그 특징과 느낌을
말할 수 있다.

＼ **공부할 내용**
사물 소개하기
인상 표현하기
부정관사
장소 전치사

＼ **주요 표현**
Qu'est-ce que c'est ?
C'est la tour Eiffel ?
Nous sommes devant la tour Eiffel.
C'est vraiment magnifique !

Parlez

말문 트GO!

🎧 Track 04-01

💬 **Dialogue 1**

위고와 레아, 니꼴라는 에펠 탑을 보러 왔습니다.

Hugo   Qu'est-ce que c'est ? C'est la tour Eiffel ?
                        께   스 끄   쎄   쎌 라 뚜흐 에펠

Léa   Eh oui, nous sommes devant la tour
                 에 위   누   쏨   드벙   라 뚜흐

          Eiffel !
          에펠

Nicolas La tour Eiffel est le chef d'œuvre de
              라 뚜흐 에펠 엘 르 쉐   되브흐   드

          Gustave Eiffel.
          귀스따브 · 에펠

          Et elle est très célèbre.
          에 엘 레 트헤 쎌레브흐

Léa   C'est le symbole de Paris et de la
               쎌 르 쌍볼   드 빠히 에 들 라

          France.
          프헝쓰

위고   저게 뭐야? 저게 에펠 탑이야?

레아   맞아, 우리는 에펠 탑 앞에 있어!

니꼴라 에펠 탑은 구스타브 에펠의
       걸작이야.
       그리고 그것은 굉장히 유명하지.

레아   그것은 파리와 프랑스의 상징이야.

VOCA   **que(qu')** 무엇 **tour** f. 탑 **devant** ~ 앞에 **chef d'œuvre** m. 걸작 **célèbre** 유명한 **symbole**
         m. 상징

• 포인트 잡GO!

de는 '~의'라는 의미의 전치사로, de 앞의 명사를 수식합니다. 모음이나 무음 h 앞에서는 d'로 축약됩니다.

> **예** C'est le symbole **de** Paris. 그것은 파리**의** 상징입니다.
>   Le sac **de** Marie est joli. 마리**의** 가방은 예쁩니다.

Clé 핵심 배우GO!

1 무엇인지 묻기

- Qu'est-ce que c'est ?　　　　이것은 무엇입니까?
  (= C'est quoi ?)

2 무엇인지 답하기

- **C'est** un livre.　　　　이것은 책입니다.
- **C'est** une maison.　　　　이것은 집입니다.
- **Ce sont** des livres.　　　　이것들은 책들입니다.

3 전치사를 이용한 위치 말하기

- Je suis **devant** le café.　　　나는 카페 **앞에** 있습니다.
- Le livre est **sur** la table.　　그 책은 테이블 **위에** 있습니다.
- Ils sont **dans** la chambre.　　그들은 방 **안에** 있습니다.

 • Remarques

❶ 의문사 que는 '무엇'이란 뜻이며, 뒤에 모음을 만나면 qu'로 축약됩니다. 구어체로는 'C'est quoi ?'가 있는데, 이때 quoi는 의문사 que가 문장 맨 뒤에 놓이면서 형태가 변한 것입니다.

❷ 'C'est 이것은 ~입니다'는 'Ce+est'가 축약된 형태입니다.

Parlez 말문 트GO!

🎧 Track 04-02

 Dialogue 2

에펠 탑에 올라가려면 표를 먼저 사야 해요.

Hugo	C'est très haut ! C'est vraiment 쎄 트헤 오 쎄 브헤멍 magnifique ! 마니피끄	**위고** 무척 높다! 정말 멋져!
Léa	On monte à la Tour Eiffel ? 옹 몽뜨 알라 뚜흐 에펠	**레아** 우리 에펠 탑에 올라갈까?
Hugo	Comment ? 꼬멍	**위고** 어떻게?
Léa	Par les escaliers. 빠흐 레 제스깔리에	**레아** 계단으로.
Hugo	D'accord. 다꼬흐	**위고** 좋아.
Nicolas	Mais il faut d'abord acheter des billets. 메 일 포 다보흐 아슈떼 데 비예	**니꼴라** 근데 우선 표를 사야 해.

VOCA haut 높은 vraiment 정말 magnifique 멋진, 웅장한 monte 동사 'monter 올라가다'의 1, 3인칭 단수 현재 변화형 comment 어떻게 par ~으로 escalier m. 계단 il faut+동사 원형 ~해야만 한다 (faut는 동사 'falloir ~해야만 한다'의 3인칭 단수 현재 변화형) d'abord 우선, 먼저 acheter 사다, 구매하다 billet m. 표

 ● 포인트 잡GO!

❶ haut는 유음 h로, 연음을 하지 않습니다. 프랑스어에서 h는 무조건 발음하지 않으며, 유음 h는 축약과 연음을 하지 않습니다.

❷ des는 부정관사로 복수 명사 앞에 씁니다.

핵심 배우GO!

Clé

4 'comment 어떻게'의 쓰임새 익히기

• **수단, 방법 묻기**	**Comment** ?	어떻게?
• **교통수단 묻기**	**Comment** allez-vous à Londres ?	어떻게 당신은 런던에 가십니까?
• **안부 묻기**	**Comment** ça va ?	어떻게 지내세요?
• **외모, 성격 묻기**	**Comment** est-elle ?	그녀는 어때요?
• **상태, 상황 묻기**	L'hôtel est **comment** ?	그 호텔은 어때요?

5 계단 또는 엘리베이터를 이용한다고 말하기

• On monte **par les escaliers**.　　우리는 **계단으로** 올라갑니다.

• On monte **en ascenseur**.　　우리는 **엘리베이터를 타고** 올라갑니다.
　(= On monte **par l'ascenseur**.)　(=우리는 **엘리베이터로** 올라갑니다.)

6 의무나 필요성 말하기

• **Il faut** travailler.　　일을 **해야 합니다**.

• **Il faut** manger pour vivre.　　살기 위해서는 먹어**야 합니다**.

> **주의** 부정형은 faut 앞에 ne, faut 뒤에 pas를 붙입니다.

• Il **ne faut pas** fumer ici.　　여기에서 흡연을 해서는 **안 됩니다**.

• Remarques

❶ allez는 동사 'aller 가다'의 2인칭 복수 현재 변화형입니다.

❷ pour는 '~을(를) 위해서'를 나타내는 전치사로, 주로 목적을 나타낼 때 쓰입니다. pour 뒤에는 동사 원형이나 명사가 올 수 있습니다.

❸ faut는 비인칭 동사 falloir의 3인칭 단수 변화형입니다. 항상 비인칭 주어 il과 함께 'Il faut'로만 쓸 수 있습니다. Il faut 뒤에는 동사 원형을 동반하여 '~해야 한다'라는 의무나 필요를 나타냅니다.

문법 다지GO!

Retenez

1 부정관사 un / une, des

부정관사는 불특정한 명사 앞에 붙이는 관사입니다. 주로 '하나의', 또는 '어느', '어떤'과 같은 뜻을 나타내게 됩니다. 성과 수에 따른 형태를 표와 예문으로 살펴보세요.

남성 단수	un	un sac 가방	
여성 단수	une		une chaise 의자
남/여 복수	des	des sacs 가방들	des chaises 의자들

// un이나 des 다음에 모음이나 무음 h가 올 때는 연음을 해야 합니다. une 다음에는 모음이나 무음 h로 시작 하는 단어가 와도 축약하지 않으며 연음을 해야 합니다.

> **예** un homme **앙 옴** (x) → **아 놈** (o) 한 남자, 어떤 남자
> une école **윈 에꼴** (x) → **위 네꼴** (o) 한 학교
> des hommes **데 좀** 남자들 / des écoles **데 제꼴** 학교들

2 C'est 이것은 ~이다 / Ce sont 이것들은 ~이다

ce는 사람과 사물을 가리키는 지시대명사입니다. 우리말의 '이것, 그것, 저것'의 의미로 성과 수 구분 없이 쓰일 수 있습니다. ce는 est 앞에서 축약되어 c'라고 씁니다. est는 être 동사의 3인칭 단수형, sont은 3인칭 복수형입니다. C'est와 Ce sont의 용법을 아래의 문형에 따라 연습해 보세요.

// C'est+보통명사, 단수명사 / Ce sont+복수명사

C'est un livre. 이것은 책입니다.　　　　Ce sont des livres. 이것들은 책들입니다.

C'est une chaise. 이것은 의자입니다.　　Ce sont des chaises. 이것들은 의자들입니다.

// C'est+이름, 고유명사

C'est Nicolas. 이 사람은 니꼴라입니다.　　C'est la tour Eiffel. 이것은 에펠 탑입니다.

// C'est+강세형 인칭대명사

C'est moi. 나야. / 저예요.　　　　　　　C'est elle. 저 여자예요.

// C'est+남성 단수 형용사

C'est grand. 크다.　　　　　　　　　　C'est bon. 맛있다.

> **Tip** C'est 뒤의 형용사는 항상 남성 단수 형태이며 '~하다'라고 해석합니다. 하지만 여기에서는 ce가 사람을 받지 않습니다.

③ 의문문에 긍정 / 부정 답하기

C'est un sac ? / Est-ce que c'est un sac ? / Est-ce un sac ? 이것은 가방입니까?

긍정 Oui, c'est un sac. 네, 이것은 가방입니다.

부정 Non, ce n'est pas un sac. 아니요, 이것은 가방이 아닙니다.

Ce sont des sacs ? / Est-ce que ce sont des sacs ? 이것들은 가방들입니까 ?

긍정 Oui, ce sont des sacs. 네, 이것들은 가방들입니다.

부정 Non, ce ne sont pas des sacs. 아니요, 이것들은 가방들이 아닙니다.

주의 Sont-ce des sacs ? (x) 복수형으로 질문한 경우 도치형 의문문을 쓰지 않습니다.

④ 장소 전치사

장소를 나타내는 주요 전치사를 예문과 함께 익히세요.

devant ~앞에	La voiture est **devant** le garage. 자동차는 차고 **앞에** 있습니다.
derrière ~뒤에	Le cinéma est **derrière** vous. 극장은 당신 **뒤에** 있습니다.
sur ~위에	Le livre de Claire est **sur** la table. 끌레르의 책은 테이블 **위에** 있습니다.
sous ~아래	Les bateaux passent **sous** le pont. 배들이 다리 **아래로** 지나갑니다.
dans ~안에	Je suis **dans** un bus. 나는 버스 **안에** 있습니다.
en face de ~맞은편에	Nous sommes **en face de** la banque. 우리는 은행 **맞은편에** 있습니다.
à côté de ~옆에	Il travaille **à côté de** moi. 그는 내 **옆에서** 일합니다.
près de ~가까이에	La station de métro est **près** d'ici. 전철역은 여기에서 **가까이에** 있습니다.
loin de ~멀리에	Le musée du Louvre est **loin** d'ici. 루브르 박물관은 여기에서 **멀리** 있습니다.

Écrivez 실력 높이 GO!

1 다음 문장들을 잘 듣고 써 보세요.   🎧 Track 04-03

⫽ **1**

_____

⫽ **2**

_____

⫽ **3**

_____

⫽ **4**

_____

⫽ **5**

_____

2 다음 우리말을 보고 빈칸에 들어갈 부정관사를 찾아 넣어 보세요.

| 보기 | un | une | des |

⫽ **1** 이것은 가방입니다.   C'est _____ sac.

⫽ **2** 그것은 책입니다.   C'est _____ livre.

⫽ **3** 저것들은 공책들입니다.   Ce sont _____ cahiers.

⫽ **4** 이것은 테이블입니다.   C'est _____ table.

3 다음 질문에 긍정 또는 부정문으로 대답하세요.

∥**1** Est-ce que c'est une voiture ? 이것은 자동차입니까?

Oui, _____

∥**2** C'est grand ? 그것은 큽니까?

Non, _____

∥**3** Est-ce que c'est lui ? 저 남자입니까?

Oui, _____

∥**4** Est-ce que ce sont les livres de Sylvie ? 이것들은 씰비의 책들입니까?

Non, _____

4 다음 우리말을 보고 장소 전치사를 <u>잘못</u> 쓴 문장을 고르세요.

∥**1** 그녀들은 방 안에 있습니다.   →   Elles sont dans la chambre.

∥**2** 나는 은행 앞에 있습니다.   →   Je suis derrière la banque.

∥**3** 그 잡지는 의자 위에 있습니다.   →   Le magazine est sur la chaise.

∥**4** 그 책은 자동차 아래에 있습니다.   →   Le livre est sous la voiture.

❶ ① Qu'est-ce que c'est ? / ② C'est la tour Eiffel. / ③ C'est magnifique. / ④ C'est haut. / ⑤ Comment ?

❷ ① un ② un ③ des ④ une

❸ ① c'est une voiture. / ② ce n'est pas grand. / ③ c'est lui. / ④ ce ne sont pas les livres de Sylvie.

❹ ② derrière → devant

Mots 어휘 늘리GO!

⭐ 감정, 느낌 형용사

// 아래의 형용사를 활용하여 감정이나 느낌을 표현해 보세요.

beau-belle	잘생긴, 아름다운	satisfait(e)	만족한
bon-bonne	맛있는, 좋은	heureux-heureuse	행복한
magnifique	멋진, 웅장한	malheureux-malheureuse	불행한
intéressant(e)	흥미로운	triste	슬픈
original(e)	독창적인, 참신한	ennuyeux-ennuyeuse	지루한
facile	쉬운	amusant(e)	재미있는
difficile	어려운	mélancolique	우울한
agréable	유쾌한	dangereux-dangereuse	위험한
précieux-précieuse	소중한	surpris(e)	놀라운
content(e)	만족한	déçu(e)	실망한

프랑스 만나GO!

파리의 상징 'La tour Eiffel 에펠 탑'

에펠 탑은 1889년 프랑스 혁명 100주년을 기념해 열린 'Exposition universelle de Paris 파리 만국 박람회'를 위해 구스타브 에펠이 설계한 탑입니다. 1887년부터 1889년 동안에 건축되었으며 높이 324미터로 약 81층 건물과 맞먹는 높이입니다.

오늘날 에펠 탑은 파리를 상징하는 건축물 중 하나이자 프랑스의 대표적인 랜드마크지만 1887년 착공 당시에는 에펠 탑에 대한 엄청난 혹평이 있었습니다. 수 세기에 걸쳐 내려온 도시 미관을 위협한다, 역사적인 건물이 많은 파리에 철골 구조물이 우뚝 솟아 흉물스럽다 등 특히 문화, 예술계 인사들이 격렬한 반대의 뜻을 내비쳤습니다.

그중에서도 소설가 모파상은 에펠탑을 '철 사다리로 된 깡마른 피라미드'라 비난하며 의도적으로 탑 안의 식당에서 점심을 먹었는데, 파리에서 유일하게 에펠 탑이 보이지 않는 곳은 바로 에펠 탑 안이라는 이유에서였습니다.

이렇듯 혹평과 비난 속에 한때 해체 위기까지 겪었던 에펠 탑. 하지만 완공 후 파리의 상징이자 가장 아름다운 건축물로 자리 잡았으며 1991년에는 유네스코가 지정한 세계문화유산으로 등재되었습니다.

에펠 탑에 오르기 위해서는 표를 구매한 후 계단이나 엘리베이터를 이용해서 올라가야 하며, 맨 꼭대기의 전망대는 엘리베이터로만 올라갈 수 있습니다. 저층부에는 식당이 있어 분위기 있는 식사나 가볍게 와인을 즐길 수 있으며, 꼭대기의 전망대에는 샴페인 바가 있어 샴페인 한잔과 함께 아름다운 파리 시내를 내려다볼 수 있습니다.

Il y a une poste
en face du parc
Montsouris.

Leçon
05

Il y a une poste en face du parc Montsouris.

몽수리 공원 맞은편에
우체국이 있어.

〳 학습 목표
사물의 위치를 말할 수 있다.
다양한 장소와 기관이 어디 있는지
말할 수 있다.

〳 공부할 내용
위치 표현하기
소유형용사
il y a 구문

〳 주요 표현
C'est loin d'ici ?
Qu'est-ce qu'il y a dedans ?
Il y a aussi deux portefeuilles.

Parlez

말문 트GO!

🎧 Track 05-01

 Dialogue 1

미나는 우체국에 가려고 합니다.

Mina	Je cherche une poste pour envoyer un 쥬 쉐흐슈 윈 뽀스뜨 뿌흐 엉부아예 앙 colis à mes parents. 꼴리 아 메 빠헝	**미나** 나는 나의 부모님께 소포 하나를 보내기 위해 우체국을 찾고 있어.
Léa	Il y a une poste en face du parc 일 리 야 윈 뽀스뜨 엉 파쓰 뒤 빠흐끄 Montsouris. 몽쑤히	**레아** 몽수리 공원 맞은편에 우체국이 있어.
Mina	C'est loin d'ici ? 쎌 루앙 디씨	**미나** 여기에서 멀어?
Léa	Non, ce n'est pas loin. C'est à 10 농 쓰 네 빠 루앙 쎄 따 디 minutes à pied. 미뉘뜨 아 삐예	**레아** 아니, 멀지 않아. 걸어서 10분 거리에 있어.
Mina	Merci. 메흐씨	**미나** 고마워.

VOCA **poste** f. 우체국 **envoyer** 보내다 (1군 동사) **colis** m. 소포 **mes** 나의 **parents** m. pl. 부모님
en face de ~의 맞은편에 **parc** m. 공원 **loin** 멀리 **minute** f. 분 **pied** m. 발

 • 포인트 잡GO!

❶ Parc Montsouris는 파리 남부 지역, 14구에 자리한 공원입니다. 19세기 말에 조성되었으며 파리의
대표적인 영국식 공원으로 꼽힙니다.

❷ 숫자10은 'dix 디쓰'라고 발음하지만 뒤에 자음으로 시작하는 단어가 오면 '쓰' 발음은 탈락되고 '디' 발음만
남습니다. 따라서 10 minutes의 발음은 '디 미뉘뜨'가 됩니다.

핵심 배우GO!

⦿ Clé

1 'Il y a ~이(가) 있다' 말하기

- **Il y a** un café.　　　　　카페가 있습니다.
- **Il y a** une banque.　　　은행이 있습니다.
- **Il y a** des restaurants.　식당들이 있습니다.

2 먼지 가까운지 말하기

- C'est loin ?　　　　　멉니까?
- Ce n'est pas loin.　　멀지 않습니다.
- C'est près.　　　　　가깝습니다.

3 이동 수단에 알맞은 전치사로 말하기

- **à** pied 걸어서, 도보로
- **à** cheval 말을 타고
- **à** vélo 자전거를 타고

- **en** bus 버스로
- **en** avion 비행기로
- **en** train 기차로
- **en** métro 지하철로
- **en** taxi 택시로

 • Remarques

이동 수단을 나타낼 때 버스, 지하철, 기차, 택시, 비행기와 같이 탈것에 해당하는 교통수단은 전치사 en을 사용하고 도보나 자전거, 동물을 이동 수단으로 삼는 경우는 전치사 à를 사용합니다.

Parlez 말문트 GO!

🎧 Track 05-02

 Dialogue 2

미나는 부모님의 결혼기념일에 어떤 선물을 준비했을까요?

Léa	C'est grand ! Qu'est-ce qu'il y a 쎄 그헝 께 스낄 리 야 dedans ? 드덩
Mina	Une crème anti-âge pour ma mère, 윈 크헴 엉띠 아쥬 뿌흐 마 메흐 un T-shirt pour mon père. 앙 띠 셔흐뜨 뿌흐 몽 뻬흐 Il y a aussi deux portefeuilles et une 일 리 야 오씨 되 뽀흐뜨페이으 에 윈 lettre. 레트흐
Léa	Ah, c'est sympa ! 아 쎄 쌍빠
Mina	Parce que c'est bientôt leur anniversaire 빠흐스 끄 쎄 비앙또 뢰흐 아니베흐쎄흐 de mariage. 드 마히아쥬

레아 크다! 안에 무엇이 있어?

미나 엄마를 위한 안티에이징 크림과
아빠를 위한 티셔츠야.
지갑 두 개와 편지도 있어.

레아 아, 괜찮다!

미나 왜냐하면 곧 그들의
결혼기념일이거든.

 VOCA dedans 안에 **crème** f. 크림 **anti-âge** 노화 방지, 안티에이징 **mère** f. 어머니 **père** m. 아버지 **mon** / **ma** 나의 **portefeuille** m. 지갑 **lettre** f. 편지 **leur** 그들의 **anniversaire de mariage** m. 결혼기념일

🎯 **• 포인트 잡GO!**

anniversaire는 기념일 또는 생일을 뜻합니다.

핵심 배우GO!

⦿ Clé

---

4 위치를 명시하여 무엇이 있는지 묻기

- **Qu'est-ce qu'il y a** dans ton sac ?　　　　　너의 가방 안에는 무엇이 있니?

- **Qu'est-ce qu'il y a** dans votre chambre ?　　당신의 방 안에는 무엇이 있습니까?

- **Qu'est-ce qu'il y a** sur la table ?　　　　　그 테이블 위에는 무엇이 있습니까?

---

5 이유 말하기

- **Parce que** je parle français.　　　　　　　왜냐하면 나는 불어를 말하기 때문입니다.

- **Parce que** c'est loin.　　　　　　　　　　왜냐하면 멀기 때문입니다.

- **Parce qu'**il y a une station de métro.　　왜냐하면 전철역이 있기 때문입니다.

---

6 기념일 관련 말하기

- C'est mon **anniversaire**.　　　　　　　　　내 **생일**이야.

- C'est notre **anniversaire de mariage**.　　우리의 **결혼기념일**이야.

- C'est **pour** mes parents.　　　　　　　　이것은 나의 부모님을 **위한** 것이야.

 • Remarques

'parce que 왜냐하면'은 주로 'pourquoi 왜'에 대한 대답이나 이유를 말할 때 쓰이며, parce que 뒤에는 '주어+동사'를 기본 구조로 한 절이 옵니다. que 뒤의 주어가 모음이나 무음 h로 시작하는 단어인 경우 qu'로 축약됩니다.

문법 다지 GO!

📍 Retenez

1 **Il y a+단수명사 / 복수명사: ~이(가) 있다**

Il은 비인칭 주어, y는 장소를 받는 대명사, a는 avoir 동사의 3인칭 단수 형태입니다. Il y a 는 사람이나 사물의 존재나 위치를 나타낼 때 사용합니다.

// 1 **Il y a+단수명사 / Il y a+단수명사+장소 전치사+명사**

> **Il y a** une voiture. / **Il y a** une voiture devant le magasin.
> 자동차가 **있습니다**. 　　　상점 앞에 자동차가 **있습니다**.

// 2 **Il y a+복수명사 / Il y a+복수명사+장소 전치사+명사**

> **Il y a** des étudiants. / **Il y a** des étudiants dans la classe.
> 학생들이 **있습니다**. 　　　교실 안에 학생들이 **있습니다**.

2 **Il y a의 의문문과 답하기**

Il y a un sac sur la chaise ? / Est-ce qu'il y a un sac sur la chaise ? 의자 위에 가방이 있습니까?

> **긍정** Oui, **il y a** un sac sur la chaise. 네, 의자 위에 가방이 **있습니다**.

> **부정** Non, **il n'y a pas de** sac sur la chaise. 아니요, 의자 위에 가방이 **없습니다**.

Il y a des étudiants dans la classe ? / Est-ce qu'il y a des étudiants dans la classe ?
교실 안에 학생들이 있습니까?

> **긍정** Oui, **il y a** des étudiants dans la classe. 네, 교실 안에 학생들이 **있습니다**.

> **부정** Non, **il n'y a pas d'**étudiants dans la classe. 아니요, 교실 안에 학생들이 **없습니다**.

> **Tip** Il y a를 부정문으로 만들 때 부정관사 un, une, des는 부정의 de(d')로 바뀝니다.

3 **Qu'est-ce qu'il y a+장소 전치사+명사?: ~에는 무엇이 있습니까?**

// Q Qu'est-ce qu'il y a dans votre sac ? 당신의 가방 안에는 무엇이 있습니까?

// A Il y a des livres, un cahier et un portefeuille dans mon sac.
　　　내 가방 안에는 책들, 노트와 지갑이 있습니다.

> **Tip** 'Qu'est-ce qu'il y a ?'는 회화체에서 '무슨 일이에요?'의 뜻으로 사용됩니다.

4 **소유형용사**

소유형용사는 뒤에 오는 소유 대상 명사의 성과 수에 따라 형태 변화합니다. 아래의 표와 예문으로 익혀
보세요.

	남성 단수	여성 단수	복수
나의	mon	ma	mes
너의	ton	ta	tes
그의 / 그녀의	son	sa	ses
우리의	notre	notre	nos
당신의, 너희들의	votre	votre	vos
그들의, 그녀들의	leur	leur	leurs

// C'est **mon** livre. 이것은 **나의** 책입니다.

C'est **ta** jupe. 이것은 **너의** 치마야.

Son père est français et **sa** mère est espagnole.
그의 / 그녀의 아버지는 프랑스 사람이고, **그의 / 그녀의** 어머니는 스페인 사람입니다.

Ses parents sont gentils. **그의 / 그녀의** 부모님은 친절하십니다.

Nos enfants sont dans la voiture. **우리의** 아이들은 차 안에 있습니다.

Votre sac est grand. **당신의** 가방은 큽니다.

Ce sont **leurs** livres. 이것들은 **그들의 / 그녀들의** 책들입니다.

> **Tip** ma, ta, sa 뒤에 모음이나 무음 h로 시작하는 여성 단수 명사가 오면 모음 충돌이 되어 남성형인 mon,
> ton, son을 써야 합니다.

> **예** ma école, ta école, sa école (x) → mon école, ton école, son école (o)

5 **축약 관사**

전치사 de 뒤에 정관사가 오는 경우, la와 l'를 제외하고 아래와 같이 축약합니다.

남성 단수	de le → **du**	Il y a une banque en face **du** parc. 공원 맞은편에 은행이 있습니다.
여성 단수	de la	C'est la voiture **de la** femme. 이것은 이 여자의 자동차입니다.
모음 단수	de l'	C'est le livre **de l'**étudiant. 이것은 이 남학생의 책입니다.
남성 / 여성 복수	de les → **des**	Ce sont les jouets **des** enfants. 이것들은 이 아이들의 장난감들입니다.

1 다음 문장들을 잘 듣고 써 보세요. 🎧 Track 05-03

//1

_____

//2

_____

//3

_____

//4

_____

//5

_____

2 다음 우리말을 보고 빈칸에 알맞은 소유형용사를 보기에서 찾아 넣으세요.

보기	mon	tes	votre	nos	leur

//1 당신의 자동차는 어디에 있습니까?   Où est _____ voiture ?

//2 이것은 나의 가방입니다.   C'est _____ sac.

//3 너의 아이들은 영어를 잘한다.   _____ enfants parlent bien anglais.

//4 그들의 방은 큽니다.   _____ chambre est grande.

//5 이것들은 우리의 책들입니다.   Ce sont _____ livres.

3 다음 질문에 답해 보세요.

∥**1** Est-ce qu'il y a une poste ? 우체국이 있습니까?

Oui, _____ en face du parc.

∥**2** Est-ce qu'il y a des cahiers sur la table ? 테이블 위에는 노트들이 있습니까?

Non, _____ sur la table.

∥**3** Qu'est-ce qu'il y a dans votre sac ? 당신의 가방 안에는 무엇이 있습니까?

_____ un livre et un portefeuille.

4 다음 우리말을 보고 빈칸에 알맞은 장소 전치사를 넣으세요.

∥**1** 그 호텔 가까이에 식당이 있습니다.

Il y a un restaurant _____ l'hôtel.

∥**2** 나의 아파트 맞은편에 슈퍼마켓이 있습니다.

Il y a un supermarché _____ mon appartement.

∥**3** 그 카페 옆에는 은행이 있습니다.

Il y a une banque _____ café.

∥**4** 그 호텔은 여기에서 멉니다.

L'hôtel est _____ ici.

❶ ① Il y a une poste. / ② Il y a des croissants. / ③ Qu'est-ce qu'il y a dedans ? /
　④ C'est leur anniversaire de mariage. / ⑤ C'est loin d'ici ?

❷ ① votre ② mon ③ Tes ④ Leur ⑤ nos

❸ ① il y a une poste ② il n'y a pas de cahiers ③ Il y a

❹ ① près de ② en face de ③ à côté du ④ loin d'

어휘 늘리GO!

특수하게 변하는 1군 동사 익히기

manger (먹다) **-ger**로 끝나는 1군 동사들은 1인칭 복수 nous에서 발음상의 이유로 g 뒤에 e를 넣습니다.			
je	mang**e**	nous	mang**eons**
tu	mang**es**	vous	mang**ez**
il/elle/on	mang**e**	ils/elles	mang**ent**

commencer (시작하다) **-cer**로 끝나는 1군 동사들은 1인칭 복수 nous에서 발음상의 이유로 c를 ç로 바꿉니다.			
je	commenc**e**	nous	commen**çons**
tu	commenc**es**	vous	commenc**ez**
il/elle/on	commenc**e**	ils/elles	commenc**ent**

acheter (사다) **-e자음er**로 끝나는 1군 동사들은 nous, vous를 제외한 모든 인칭에서 e를 è로 바꿉니다.			
j'	ach**ète**	nous	achet**ons**
tu	ach**ètes**	vous	achet**ez**
il/elle/on	ach**ète**	ils/elles	ach**ètent**

préférer (선호하다) **-é자음er**로 끝나는 1군 동사들은 nous, vous를 제외한 모든 인칭에서 é를 è로 바꿉니다.			
je	préf**ère**	nous	préfér**ons**
tu	préf**ères**	vous	préfér**ez**
il/elle/on	préf**ère**	ils/elles	préf**èrent**

essayer (시도하다) **-ayer**로 끝나는 1군 동사들은 nous, vous를 제외한 모든 인칭에서 y를 i로 바꿀 수 있습니다.			
j'	essa**ie** / essa**ye**	nous	essa**yons**
tu	essa**ies** / essa**yes**	vous	essa**yez**
il/elle/on	essa**ie** / essa**ye**	ils/elles	essa**ient** / essa**yent**

envoyer (보내다, 부치다) **-oyer**로 끝나는 1군 동사들은 nous, vous를 제외한 모든 인칭에서 y를 i로 바꿉니다.			
j'	envo**ie**	nous	envo**yons**
tu	envo**ies**	vous	envo**yez**
il/elle/on	envo**ie**	ils/elles	envo**ient**

appeler (부르다) **-eler**로 끝나는 1군 동사들은 nous, vous를 제외한 모든 인칭에서 l을 ll로 바꿉니다.			
j'	appel**le**	nous	appel**ons**
tu	appel**les**	vous	appel**ez**
il/elle/on	appel**le**	ils/elles	appel**lent**

France

파리의 대중교통 티켓

파리와 외곽 구역까지를 통틀어 'Île de France 일 드 프랑스'라고 부릅니다. 외곽 구역은 zone 1 에서 zone 5까지 있고 이에 따른 대중교통은 métro (메트로: 전철), bus (버스), RER (Réseaux Express Régional d'Île de France : 수도권 고속 전철) 그리고 tramway (트램, 전차)가 있습니다.

Métro는 파리 시내와 외곽 zone(구역) 3까지 운행하며 **RER**은 파리 시내에서 외곽 구역 마지막 zone(구역) 5까지 운행합니다. Tramway 역시 파리 시내와 외곽 구역까지 운행하며 파리뿐 아니라 지방에서 흔히 볼 수 있는 대중교통입니다. 티켓 요금은 파리 구간과 외곽이 구역별로 다릅니다. 파리에서 대중교통을 이용하기 위해 사용할 수 있는 다양한 티켓 종류를 알아볼까요?

첫 번째로 1회권인 Ticket T+(티켓 티 플러스)가 있습니다. 10장 묶음으로 판매하는 carnet [까흐네]도 있습니다. 대중교통을 많이 이용하지 않을 경우 이 티켓을 이용하면 편리합니다. 낱장보다는 carnet로 구입하는 것이 더 저렴합니다. Métro, tramway, bus는 RER의 경우 파리 안에 있는 역에서 사용할 수 있습니다. 만약 외곽으로 나가게 될 경우 가고자 하는 목적지가 속한 zone까지 갈 수 있는 티켓을 따로 끊어야 합니다.

두 번째로 Mobilis [모빌리스]가 있습니다. 하루 동안 무제한으로 이용할 수 있으며 하루 4회 이상 대중교통을 이용하는 분들이 사용하기 좋습니다. 이 티켓은 앞에서 언급한 Ticket T+와 생김새가 똑같지만 한 가지 차이가 있다면 이름과 날짜를 기입해야 한다는 점입니다. 파리뿐 아니라 zone 1에서 어느 zone까지 갈 것인지 정하면 그에 따라 요금도 달라집니다.

세 번째로 Ticket Jeunes [띠께 쥔느]가 있습니다. 만 26세 이하의 젊은이들이 이용할 수 있습니다. 주말과 공휴일에는 횟수 상관없이 본인이 정한 zone 내에서 마음껏 이용할 수 있습니다.

네 번째로 Navigo [나비고]가 있습니다. 카드에 증명 사진을 붙여야 하고 이름이 기재되어 있습니다. 발급받을 땐 반드시 본인의 사진이 있어야 합니다. 이 카드는 1주일, 1개월, 1년 단위로 충전해서 사용하며 카드 보증금이 있습니다. zone별로 요금이 다르며 충전 시 zone를 정하여 요금을 지불하면 됩니다.

마지막으로 Paris Visite [빠히 비지뜨]가 있습니다. 여행자 패스로 Mobilis와 비슷하며 선택한 zone 내에서 무제한으로 이용 가능합니다. 이 티켓 역시 zone를 정하여 요금을 지불하는 형태입니다. 여행자 패스이기 때문에 다양한 할인 혜택도 있습니다.

(2018년 기준)

Il fait beau aujourd'hui !

Il fait beau aujourd'hui !
오늘 날씨 좋다!

⟍ 학습 목표
날씨와 계절을 말할 수 있다.
좋아하는 계절과 왜 좋아하는지 이유를
말할 수 있다.

⟍ 공부할 내용
날씨 표현하기
계절과 달 말하기
감탄문 말하기

⟍ 주요 표현
Il fait beau aujourd'hui !
Quel temps fait-il en été ?
Il fait trop chaud.

Parlez **말문 트GO!**

🎧 Track 06-01

💬 **Dialogue 1**

미나는 왜 여름을 좋아할까요?

Mina	Il fait beau aujourd'hui !
	일 페 보 오쥬흐뒤
Nicolas	Quel temps magnifique !
	껠 떵 마니피끄
	Alors on déjeune à la terrasse d'un
	알로흐 옹 데쥰느 알 라 떼하쓰 당
	café ?
	꺄페
Mina	C'est une bonne idée !
	쎄 뛴 본 니데
Nicolas	Est-ce que tu aimes l'été ?
	에 스 끄 뛰 엠 레떼
Mina	Oui, parce qu'il y a du soleil et des
	위 빠흐쓰 낄 리 야 뒤 쏠레이으 에 데
	vacances.
	바껑쓰

미나 오늘 날씨 좋다!

니꼴라 정말 멋진 날씨야!

그러면 우리 카페 테라스에서

점심 먹을래?

미나 좋은 생각이야!

니꼴라 너는 여름을 좋아하니?

미나 응, 왜냐하면 날씨도 맑고

휴가가 있잖아.

VOCA

fait 동사 'faire (날씨가) ~하다'의 3인칭 단수 현재 변화형 **beau** 멋진, 아름다운 **aujourd'hui** 오늘 **temps** m. 날씨, 시간 **alors** 그러면, 그래서 **déjeune** 동사 'déjeuner 점심 식사하다'의 3인칭 단수 현재 변화형 **terrasse** f. 테라스 **d'** ~의 (전치사 de의 축약형) **café** m. 카페 **idée** f. 아이디어, 생각 **été** m. 여름 **soleil** m. 태양, 햇빛 **vacances** f. pl. 휴가, 바캉스, 방학

🎯 • **포인트 잡GO!**

❶ 날씨를 표현할 때 '비인칭 주어 il+fait로 말할 수 있습니다. fait는 3군 불규칙 동사 faire의 3인칭 단수 현재 변화형입니다.

❷ 'parce que(qu') 왜냐하면'은 주로 'pourquoi 왜'에 대한 대답에 쓰이지만 'pourquoi'로 묻지 않았더라도 이유를 말할 때 쓸 수 있습니다.

Clé 핵심
배우**GO!**

1 Il fait로 날씨 말하기

- **Il fait** mauvais. 날씨가 나쁩니다.
- **Il fait** doux. 날씨가 따뜻합니다.
- **Il fait** chaud. 날씨가 덥습니다.
- **Il fait** froid. 날씨가 춥습니다.

2 감탄문 말하기

- **Quel** temps magnifique ! 정말 멋진 날씨입니다!
- **Quel** beau temps ! 정말 화창한 날씨입니다!
- **Quel** dommage ! 정말 유감입니다!

3 Il y a로 날씨 말하기

- **Il y** a du soleil. 날씨가 맑습니다.
- **Il y** a du vent. 날씨가 바람이 붑니다.
- **Il y** a du brouillard. 날씨가 안개가 끼었습니다.

 • Remarques

❶ quel은 여기에서처럼 감탄형용사로도 쓰이고, '어떤, 무슨'이라는 뜻의 의문형용사로도 쓰입니다.

❷ 날씨를 말할 때 'soleil 햇빛', 'vent 바람', 'brouillard 안개'는 부분관사 du와 함께 사용합니다.
du는 셀 수 없는 물질명사 및 추상명사에 주로 쓰이는 부분관사입니다.

말문 트GO!

Parlez

🎧 Track 06-02

 Dialogue 2

니꼴라는 왜 겨울을 좋아할까요?

Nicolas Quel temps fait-il en Corée ?
껠 떵 페 띨 엉 꼬헤

Mina Il fait trop chaud en été.
일 페 트호 쇼 어 네떼

Il fait humide aussi.
일 페 위미드 오씨

Et il pleut souvent.
에 일 쁠뢰 쑤벙

Nicolas Alors tu préfères l'hiver ?
알로흐 뛰 프헤페흐 리베흐

Mina Non, je préfère l'été. Parce que j'aime
농 쥬 프헤페흐 레떼 빠흐스 끄 젬

passer mes vacances à la mer et
빠쎄 메 바껑쓰 알 라 메흐 에

mon anniversaire est en juillet.
모 나니베흐쎄흐 에 떵 쥐예

Nicolas Ah, c'est chouette ! Moi, je préfère
아 쎄 슈에뜨 무아 쥬 프헤페흐

l'hiver parce que j'aime la neige.
리베흐 빠흐쓰 끄 젬 라 네쥬

니꼴라	한국은 날씨가 어때?
미나	여름에는 날씨가 너무 더워.
	습하기도 하고.
	그리고 비가 자주 와.
니꼴라	그러면 너는 겨울을 더 좋아해?
미나	아니, 나는 여름을 더 좋아해.
	왜냐하면 나는 바다에서 휴가를
	보내는 것을 좋아하고 내 생일이
	7월에 있거든.
니꼴라	아, 멋지다! 나, 나는 겨울을 더
	좋아해 왜냐하면 나는 눈을 좋아하
	거든.

VOCA quel 어떤, 무슨 temps m. 날씨 fait 동사 'faire 하다'의 3인칭 단수 현재 변화형 chaud 더운, 뜨거운
trop 너무 humide 습한 pleut 동사 'pleuvoir 비가 오다'의 3인칭 단수 현재 변화형 souvent 자주
hiver m. 겨울 passer 보내다 vacances f. pl. 휴가 mer f. 바다 anniversaire m. 기념일, 생일
juillet 7월 chouette 멋진 neige f. 눈

 ● **포인트 잡GO!**

❶ trop는 '너무'라는 뜻의 부사로 형용사를 수식할 땐 형용사 앞에, 동사를 수식할 땐 동사 뒤에 위치합니다.

❷ 'vacances 휴가'는 항상 복수형을 쓰고, 단수형 vacance로 쓰면 '공석'이라는 뜻이 됩니다.

핵심 배우GO!

4 날씨가 어떤지 묻기

- **Quel** temps fait-il ?   날씨가 **어떻습니까?**
- **Quel** temps fait-il en France ?   프랑스는 날씨가 **어떻습니까?**
- **Quel** temps fait-il à Paris ?   파리는 날씨가 **어떻습니까?**

5 날씨 표현 확장하기

- **부정** Il **ne** fait **pas** chaud.   날씨가 덥**지 않습니다.**
- **강조** Il fait **trop** froid en hiver.   겨울에는 날씨가 **너무** 춥습니다.

6 달 말하기

- Mon anniversaire est **en avril.**   내 생일은 **4월에** 있어.
- Il fait chaud **en août.**   **8월에는** 날씨가 덥습니다.
- Il fait beau **en mai.**   **5월에는** 날씨가 좋습니다.

• Remarques

❶ 'au printemps 봄에는', 'en été 여름에는', 'en automne 가을에는', 'en hiver 겨울에는' 표현을 익혀
보세요. 계절 명사 앞 전치사에 주의하고, 관사를 쓰지 않는다는 점도 기억하세요.

❷ en 뒤에 모음이나 무음 h가 오면 연음이 됩니다. 따라서 en hiver는 '어 니베흐'로, en août는 '어 누뜨'로
발음합니다.

Retenez

문법 다지GO!

1 날씨 표현 구문

날씨를 표현하는 구문으로는 'il fait', 'il y a' 등이 많이 쓰입니다. '비가 오다'는 pleuvoir, '눈이 오다'는 neiger 동사로 항상 비인칭 주어 il과 사용합니다. 그리고 이 동사들은 3인칭 단수 형태로만 존재합니다. 예문을 통해 자연스럽게 익혀 보세요.

Q Quel temps fait-il ?   날씨가 어떻습니까?

A Il fait~

→ Il fait beau. 날씨가 좋습니다.   → Il fait doux. 날씨가 따뜻합니다.

→ Il fait mauvais. 날씨가 나쁩니다.   → Il fait gris. 날씨가 흐립니다.

→ Il fait humide. 날씨가 습합니다.   → Il fait chaud. 날씨가 덥습니다.

→ Il fait frais. 날씨가 선선합니다.   → Il fait froid. 날씨가 춥습니다.

→ Il fait 16℃(seize degrés). (기온이) 16도입니다.

A Il y a~

→ Il y a du soleil. 날씨가 맑습니다.   → Il y a du vent. 바람이 붑니다.

→ Il y a du brouillard. 안개가 끼었습니다.

A Il+동사

→ Il pleut. 비가 옵니다.   → Il neige. 눈이 옵니다.

2 형용사의 위치

프랑스어에서 형용사(국적, 색깔, 형태, 맛, 기후 등)는 일반적으로 명사 뒤에서 수식합니다. 하지만 음절이 적으면서 매우 자주 사용되는 일부 형용사는 명사 앞에 위치합니다. bon, beau, grand, petit, joli, gros, mauvais, jeune, vieux 등이 이에 해당합니다.

> **예**   명사+형용사 어순 un pull **blanc** 흰색 스웨터, une voiture **blanche** 흰색 자동차
>
> 형용사+명사 어순 un **beau** pull 멋진 스웨터, une **belle** voiture 멋진 자동차

③ quel의 의문형용사, 감탄형용사 용법

quel은 '어떤, 무슨'의 의미를 나타내는 의문형용사로 쓰이기도 하고, 감탄문에 사용되기도 합니다.
성과 수에 따라 형태가 변화하므로 수식하는 명사의 성, 수와 일치시켜야 합니다.

	남성	여성
단수	quel	quelle
복수	quels	quelles

//1 의문형용사 용법

- 의문형용사+명사+동사-주어 ?
- 의문형용사+명사 ?

  Quel temps fait-il ? 날씨가 **어떻**습니까?

  Quelle actrice aimez-vous ? **어떤** 여배우를 좋아하십니까?

  Quelles jupes achetez-vous ? 당신은 **어떤** 치마들을 사십니까?

  Quels livres ? **어떤** 책들입니까?

//2 감탄형용사 용법

  Quel dommage ! **정말** 유감입니다!

  Quelle jolie jupe rouge ! **정말** 예쁜 빨간 치마군요!

④ 열두 달

janvier 1월	février 2월	mars 3월	avril 4월
mai 5월	juin 6월	juillet 7월	août 8월
septembre 9월	octobre 10월	novembre 11월	décembre 12월

달 앞에 'en'이나 'au mois de(d')'를 넣으면 '~월에(는)'의 뜻이 됩니다. 이때 모음으로 시작하는 'avril
4월'과 'août 8월'에서는 연음과 축약에 유의하세요.

> **예** en avril 어 나브릴
> au mois d'août 오 무아 두뜨

Écrivez 실력 높이 **GO!**

1 다음 문장들을 잘 듣고 써 보세요.   🎧 Track 06-03

╱╱ **1**

_____

╱╱ **2**

_____

╱╱ **3**

_____

╱╱ **4**

_____

╱╱ **5**

_____

2 다음 우리말과 일치하는 문장을 연결해 보세요.

╱╱   ① 날씨가 덥습니다.   ⓐ Il fait beau.

╱╱   ② 날씨가 습합니다.   ⓑ Il fait froid.

╱╱   ③ 날씨가 춥습니다.   ⓒ Il fait chaud.

╱╱   ④ 날씨가 좋습니다.   ⓓ Il fait humide.

3 다음 우리말을 보고 빈칸에 들어갈 계절을 알맞은 전치사와 함께 쓰세요.

| 보기 | été | printemps | hiver | automne |

✐ 1 겨울에는 눈이 자주 내립니다.

Il neige souvent _____

✐ 2 봄에는 날씨가 따뜻합니다.

Il fait doux _____

✐ 3 가을에는 날씨가 선선합니다.

Il fait frais _____

✐ 4 여름에는 매우 덥습니다.

Il fait très chaud _____

4 다음 문장의 뜻을 우리말로 옮겨 써 보세요.

✐ 1 Il pleut beaucoup en juillet.

_____

✐ 2 Quel temps magnifique !

_____

✐ 3 Quel temps fait-il en France ?

_____

✐ 4 Il neige souvent au mois de janvier.

_____

✐ 5 Il fait trop chaud en août en Corée.

_____

❶ ① Quel temps fait-il ? / ② Il fait beau. / ③ Il fait chaud. / ④ Il fait froid. / ⑤ Il y a du soleil.

❷ ① c ② d ③ b ④ a

❸ ① en hiver ② au printemps ③ en automne ④ en été

❹ ① 7월에는 비가 많이 옵니다. ② 정말 멋진 날씨야! ③ 프랑스는 날씨가 어때요? ④ 1월에는 눈이 자주 옵니다.
⑤ 한국은 8월에 너무 덥습니다.

어휘 늘리GO!

 계절 앞에 전치사 au나 en으로 '~에(는)'의 뜻을 나타낼 수 있습니다. 하지만 '봄입니다'처럼 '(계절)입니다'라고 말할 땐 예외적으로 정관사와 함께 'C'est le printemps.' 이라고 합니다. 전치사에 유의해서 계절과 날씨를 말해 보세요.

// **le printemps 봄**

C'est le printemps. 봄입니다.   Il fait doux. 날씨가 따뜻합니다.

Il fait doux au printemps. 봄에는 날씨가 따뜻합니다.

// **l'été 여름**

C'est l'été. 여름입니다.   Il fait chaud. 날씨가 덥습니다.

Il fait chaud en été. 여름에는 날씨가 덥습니다.

// **l'automne 가을**

C'est l'automne. 가을입니다.   Il fait frais. 날씨가 선선합니다.

Il fait frais en automne. 가을에는 날씨가 선선합니다.

// **l'hiver 겨울**

C'est l'hiver. 겨울입니다.   Il fait froid. 날씨가 춥습니다.

Il fait froid en hiver. 겨울에는 날씨가 춥습니다.

 여러 가지 색깔 형용사 어휘를 말해 보세요.

남성 단수	여성 단수	뜻
rouge	rouge	빨간색의
jaune	jaune	노란색의
vert	verte	녹색의
bleu	bleue	파란색의
violet	violette	보라색의
noir	noire	검정색의
blanc	blanche	흰색의
gris	grise	회색의
brun	brune	갈색의
blond	blonde	금색의, 금발의

파리 해변 Paris Plage

매년 7월 중순에서 8월 중순까지 파리 센강 산책로에는 모래밭, 야자수, 파라솔까지 해변의 모습을 그대로 재현한 인공 해변이 만들어지는데, 이를 'Paris Plage [빠히 쁠라쥬] 파리 해변'이라고 부릅니다.

휴가철인 7~8월은 대부분의 사람들이 휴가를 떠나 도시가 텅 비는데, 시간적 또는 경제적인 이유로 휴가를 못 떠나는 파리 시민들을 위로하기 위해 2002년부터 매년 센강변에 인공 모래밭을 조성한답니다. 이는 대부분의 상점들이 문을 닫는 휴가철에 파리를 방문하는 관광객들에게 색다른 즐거움을 주는 이벤트이기도 합니다. 전시회, 영화 시사회, 음악회 등 다양한 행사도 열립니다. 처음에는 우려의 목소리도 높았지만 지금은 시민과 관광객들의 큰 호응을 얻어 매년 그 규모가 커지고 있습니다. 안전상의 이유로 강에서 수영을 하는 것은 금지되어 있으나, 어른들은 선베드에서 태닝을 하고, 아이들은 모래밭에서 놀이를 하는 등 이색적인 풍경을 경험할 수 있습니다. 게다가 누구에게나 무료로 개방하니 파리를 방문한다면 한번 들러 보면 좋겠죠?

▲ Paris Plage를 즐기는 시민들

Bon anniversaire !

Bon anniversaire !

생일 축하해!

╲ 학습 목표
나이를 숫자로 말할 수 있다.
약속 장소와 시간을 말할 수 있다.

╲ 공부할 내용
나이 말하기
시간과 날짜 말하기
부분관사 쓰임새 알기

╲ 주요 표현
Vous êtes libres ce week-end ?
Je vais avoir 22 ans.
À quelle heure ?
Bon anniversaire !

🎧 Track 07-01

 Dialogue 1

이번 주 토요일은 미나의 생일입니다. 미나는 생일 파티에 누구를 초대할까요?

Mina	Vous êtes libres ce week-end ? Je fais 부 젯뜨 리브흐 쓰 위껜드 쥬 페 une petite fête pour mon anniversaire. 윈 쁘띠뜨 페뜨 뿌흐 모 나니베흐쎄흐 Je vais avoir 22 ans. 쥬 베 아부아흐 방두 정
Nicolas	Très bien. C'est quand ? 트헤 비앙 쎄 껑
Mina	Le 21 juillet. 르 방떼앙 쥐이예
Léa	À quelle heure ? 아 껠 뤠흐
Mina	À 19 heures. 16 rue Voltaire au 아 디즈너 붸흐 쎄즈 휘 볼떼흐 오 cinquième étage. 쌍끼엠 에따쥬
Hugo	Parfait. 빠흐페

미나   너희들은 이번 주말에 한가하니?
내가 작은 생일 파티를 하려고 해.
나는 곧 22살이 돼.

니꼴라   좋아. 언제야?

미나   7월 21일.

레아   몇 시에?

미나   19시에. 볼테르 거리 16번지
6층에서.

위고   좋아.

VOCA   **libre** 한가한   **week-end** m. 주말   **fête** f. 축제, 파티   **vais** 동사 'aller 가다'의 1인칭 현재 변화형   **avoir**
가지다   **22** (vingt-deux) 스물 둘   **an** m. 년(年), ~살(나이)   **quand** 언제   **heure** f. 시간   **rue** f. 거리, 길
cinquième 다섯 번째의   **étage** m. 층   **parfait** 완벽한 (회화에서는 '좋아', '오케이'라는 의미로도 사용)

 • 포인트 잡GO!

❶ '~시에'라고 시간을 말할 때 'à+숫자+heure(s)'로 표현합니다.

❷ 'étage 층'을 말할 땐 기수가 아닌 서수로 말합니다.

❸ 프랑스어에서 1층은 별도로 rez-de-chaussée라고 하며 2층부터 premier étage (직역하면) 첫 번째
층이라고 합니다. 그러므로 cinquième étage는 한국 기준으로 6층이 됩니다.

핵심 배우GO!

Clé

1 나이 말하기

- J'**ai** 20 ans.   나는 20살입니다.
- Il **a** 30 ans.   그는 30살입니다.
- Vous **avez** 25 ans.   당신은 25살입니다.

2 날짜 말하기

- Nous sommes le 21 juin.
  (= C'est le 21 juin.)   6월 21일입니다.
- Nous sommes le premier janvier.   1월 1일입니다.

3 'à quelle heure 몇 시에' 말하기

- **À quelle heure** rentrez-vous ?   몇 시에 당신은 돌아옵니까?
- **À quelle heure** commence le cours ?   몇 시에 수업이 시작합니까?
- Tu arrives **à quelle heure** ?   너는 **몇 시에** 도착하니?

 • Remarques

❶ 나이는 'avoir 가지다' 동사로 말합니다.

❷ 날짜 앞에는 정관사 le를 쓰며, 매월 1일은 서수 'premier 첫 번째'로 써야 합니다.

❸ À처럼 악상이 붙은 모음이 문장의 첫 글자일 경우, 악상을 붙이지 않고 쓰기도 합니다.

Parlez

🎧 Track 07-02

💬 **Dialogue 2**

오늘 미나는 친구들과 함께 생일 파티를 합니다.

Nicolas, Hugo, Léa	Bon anniversaire ! 보　나니베흐쎄흐	
Mina	Oh merci ! Bienvenue chez moi. 오　메흐씨　비앙브뉘　쉐　무아	
Léa	C'est joli, ton appartement. 쎄　졸리　또　나빠흐뜨멍	
Mina	C'est petit mais très agréable. 쎄　쁘띠　메　트헤　자그헤아블르	
	Quelle heure est-il ? 껠　뢰흐　에　띨	
Nicolas	Il est 19 heures 30. 일　레　디즈너　뵈흐　트헝뜨	
Mina	Est-ce que vous voulez un verre ? 에　스　끄　부　불레　앙　베흐	
	J'ai de la bière. 줴　들　라　비에흐	
Hugo	Oui, je veux bien. Une bière, s'il te plaît. 위　쥬　브　비앙　윈　비에흐　씰　뜨　쁠레	

니꼴라,
위고,
레아 → 생일 축하해!

미나 → 오 고마워! 나의 집에 온 걸 환영해.

레아 → 예쁘다, 네 아파트.

미나 → 작지만 매우 쾌적해. 몇 시야?

니꼴라 → 19시 30분이야.

미나 → 너희들 한잔할래? 맥주가 있어.

위고 → 응, 좋아. 맥주 한 잔 부탁해.

 VOCA **bienvenue** f. 환영　**chez** 집에　**19** (dix-neuf) 열 아홉　**30** (trente) 삼십, 서른　**voulez** 동사 'vouloir 원하다'
의 2인칭 복수 현재 변화형　**veux** 동사 'vouloir 원하다'의 1, 2인칭 단수 현재 변화형　**verre** m. 잔　**bière** f. 맥주

 ● 포인트 잡GO!

❶ 'Je veux bien.'에서 veux는 'vouloir 원하다' 동사입니다. 여기에서는 상대방의 제안을 수락할 때 '좋아(요).'라는 표현으로 쓰였습니다.

❷ 's'il te plaît'는 '부탁해' 또는 '~주세요'의 의미로 사용됩니다. 좀 더 공손한 존댓말은 's'il vous plaît'입니다.

Clé 핵심
배우**GO!**

4 **기념일 축하하기**

- Bon anniversaire ! 생일 축하해! / 생일 축하합니다!
  (= Joyeux anniversaire !)

- Joyeux Noël ! 메리 크리스마스!

5 **환영하기**

- **Bienvenue.** **환영합니다.**

- **Bienvenue** en France. 프랑스에 오신 것을 **환영합니다.**

- **Bienvenue** à Paris. 파리에 오신 것을 **환영합니다.**

6 **시간 묻기**

- Quelle heure est-il ? 몇 시야? / 몇 시입니까?
  (= Il est quelle heure ?)

- Tu as l'heure ? 몇 시야?

- Vous avez l'heure ? 몇 시입니까?

• Remarques

❶ joyeux / joyeuse는 '기쁜'이라는 의미로, 기념일 명칭과 함께 말하면 '~을(를) 축하해(요)!', '즐거운 ~'라는 의미입니다.

❷ 시간을 말할 땐 비인칭 주어 il을 사용합니다.

문법 다지GO!

● Retenez

① 지시형용사

지시형용사는 명사 앞에서 '이, 그, 저'의 의미를 나타냅니다. 명사의 성, 수에 따른 지시형용사의 변화형과 예시를 살펴볼까요?

남성 단수	ce (cet)	ce livre 이 책
여성 단수	cette	cette jupe 저 치마
복수	ces	ces roses 그 장미들

〃 모음이나 무음 h로 시작되는 남성 단수 명사 앞에서는 ce가 아닌 cet로 씁니다.

ce homme (x) → cet homme (o) 그 남자 / ce enfant (x) → cet enfant (o) 그 아이

〃 시간을 나타내는 명사 앞에서는 '오늘', '이번'의 뜻으로 쓰이기도 합니다.

ce matin 오늘 아침 / cet après-midi 오늘 오후 / ce soir 오늘 저녁

ce week-end 이번 주말 / cette semaine 이번 주 / cet été 이번 여름

② avoir 동사 변화

avoir 동사의 주어의 인칭과 수에 따른 변화 형태를 알아봅시다.

avoir 가지고 있다			
j'	ai	nous	avons
tu	as	vous	avez
il/elle/on	a	ils/elles	ont

〃 être 동사가 아닌 직접목적어를 취하는 타동사는 부정문을 만들 때 직접목적어로 쓰이는 명사의 부정관사나 부분관사를 부정의 de(d')로 바꾸어 써야 합니다.

예 **J'ai** une voiture. 나는 차 한 대가 있습니다. / **Il n'a pas** de voiture. 그는 차가 없습니다.

③ Quel âge avez-vous ? (= Vous avez quel âge ?) 당신은 몇 살입니까?

프랑스어는 avoir 동사를 사용해서 나이를 말하며, quel âge는 '몇 살'이란 뜻이므로 주어와 avoir 동사를 변화시켜 나이를 물을 수 있습니다.

예 **Quel âge** as-tu ? 너는 몇 살이니?
Quel âge a-t-il ? 그는 몇 살입니까?

4 요일, 날짜 묻고 답하기

    //   요일 묻고 답하기

        Q **Quel jour** sommes-nous aujourd'hui ? 오늘은 **무슨 요일입니까?**

           (= **Quel jour** est-ce aujourd'hui ?)

        A Nous sommes **lundi**. 월요일입니다.

           (=C'est lundi. / On est lundi.)

         Tip 요일을 나타내는 명사들은 남성이지만, '오늘은 ~요일입니다.'라고 말할 때 관사는 붙이지 않습니다.

    //   날짜 묻고 답하기

        Q Quelle est la date aujourd'hui ? 오늘은 며칠입니까?

        A Nous sommes le 30 mai. 5월 30일입니다. / C'est le premier décembre. 12월 1일입니다.

         Tip 매달 1일은 서수 'premier / 1er 첫 번째'로 써야 합니다.

             날짜를 말할 땐 정관사 le를 붙여야 합니다.

5 시간 묻고 답하기

시간을 물을 땐 'Quelle heure est-il ? 몇 시입니까?' 문형을 사용하며, 답할 땐 비인칭 주어 il을 사용하여 'il est ~ heure(s)+분'으로 말합니다. '오전 ~시', '오후 ~시'라고 말하기도 하고 '13시', '21시'처럼 24시간제로 말할 수도 있습니다.

    //   Il est **sept heures**. 7시입니다. / Il est sept heures **du matin**. 오전 7시입니다.

        Il est **treize heures**. 13시입니다. / Il est une heure **de l'après-midi**. 오후 1시입니다.

        Il est **vingt heures**. 20시입니다. / Il est huit heures **du soir**. 저녁 8시입니다.

        Il est **midi**. 정오입니다. / Il est **minuit**. 자정입니다.

6 부분관사

부분관사는 셀 수 없는 명사 즉, 추상명사나 물질명사 앞에 쓰여 '일부', '약간'의 의미를 나타냅니다. 명사의 성, 수에 따른 부분관사의 변화형과 예시를 살펴볼까요?

남성 단수	du (de l')	du lait 우유 / du courage 용기
여성 단수	de la (de l')	de la bière 맥주 / de la musique 음악
복수	des	des pâtes 파스타 / des fruits 과일들

    //   모음이나 무음 h로 시작되는 남 / 여 단수형 명사 앞에서는 de l'로 축약해야 합니다.

    //   복수형 des는 주로 집합명사 앞에 붙입니다. 단·복수 구분의 의미가 없는 명사의 앞에 주로 사용합니다. 'des pâtes 파스타'의 경우 단수형 une pâte는 '반죽'이라는 별도의 의미가 있으므로 반드시 복수형으로 사용해야 합니다.

실력 높이 GO!

📍 Écrivez

1 다음 숫자들을 잘 듣고 써 보세요.

🎧 Track 07-03

// **1**
_____

// **2**
_____

// **3**
_____

// **4**
_____

// **5**
_____

2 다음 주격 인칭대명사와 알맞은 avoir 동사 변화형을 연결하세요.

// ① vous   ⓐ ai

// ② elle   ⓑ ont

// ③ j'   ⓒ avez

// ④ elles   ⓓ a

3 다음 질문에 답하세요.

// **1** Est-ce que vous avez un passeport ? 당신은 여권이 있습니까?
Oui, _____

// **2** Est-ce qu'il a des enfants ? 그는 아이가 있습니까?
Non, _____

// **3** Est-ce que tu as une carte d'étudiant ? 너는 학생증이 있니?
Oui, _____

4 다음 우리말을 보고 빈칸에 들어갈 지시형용사를 보기에서 찾아 넣으세요.

> **보기**   ce   cet   cette   ces

1 이 책은 흥미롭습니다.

    _____ livre est intéressant.

2 저 소녀는 갈색 머리이고 예쁩니다.

    _____ fille est brune et jolie.

3 나는 이번 주말에 미나의 집에 갑니다.

    Je vais chez Mina _____ week-end.

4 그 호텔은 크지 않습니다.

    _____ hôtel n'est pas grand.

5 저 배우들은 프랑스어를 잘합니다.

    _____ acteurs parlent bien français.

5 다음 질문을 읽고 답변의 우리말을 참조하여 프랑스어로 답하세요.

1 Quel âge avez-vous ? 당신은 몇 살입니까?

    _____ (나는 21살입니다.)

2 Elle a quel âge ? 그녀는 몇 살입니까?

    _____ (그녀는 16살입니다.)

3 Quelle heure est-il ? 몇 시입니까?

    _____ (오전 9시입니다.)

    _____ (14시입니다.)

    _____ (자정입니다.)

❶ ① 13 (treize) ② 20 (vingt) ③ 7 (sept) ④ 24 (vingt-quatre) ⑤ 31 (trente et un)

❷ ① c ② d ③ a ④ b

❸ ① j'ai un passeport. / ② il n'a pas d'enfants. / ③ j'ai une carte d'étudiant.

❹ ① Ce ② Cette ③ ce ④ Cet ⑤ Ces

❺ ① J'ai vingt et un ans. / ② Elle a seize ans. / ③ Il est neuf heures du matin. / Il est quatorze heures. / Il est minuit.

 시간과 분 말하기

3시 **10분**입니다.　　　　Il est trois heures **dix**.

3시 **15분**입니다.　　　　Il est trois heures **quinze**. / Il est trois heures **et quart**.

5시 **30분**입니다.　　　　Il est cinq heures **trente**. / Il est cinq heures **et demie**.

> **Tip** demi는 앞의 명사의 성에 일치시킵니다. heure는 여성명사이므로 demi에 e를 추가해서 demie가 됩니다.

5시 **50분**입니다.　　　　Il est cinq heures **cinquante**. / Il est six heures **moins dix**.

> **Tip** moins은 '~이하의', '~미만의', '덜'이라는 뜻으로, 시간을 말할 땐 '~분 전'의 의미로 쓰입니다.

 한 주의 요일들

요일을 나타내는 어휘를 살펴보고, 이번 주 나의 일과를 요일에 맞게 프랑스어 또는 한국어로 적어 보세요.

lundi 월요일	
mardi 화요일	휴대폰 수리 맡기기
mercredi 수요일	
jeudi 목요일	
vendredi 금요일	
samedi 토요일	L'anniversaire de Mina
dimanche 일요일	

프랑스 만나GO!

파리의 공공 자전거 대여 제도

'Vélib 벨리브'는 파리에서 2007년 7월부터 운영하고 있는 무인 자전거 대여 서비스 제도로, 프랑스어로 자전거를 뜻하는 'vélo [벨로]'와 자유를 뜻하는 'liberté [리베르떼]'의 합성어입니다. 필요한 곳에서 자전거를 빌려 타고, 이용을 마치면 대여소에 반납하는 시스템이며 무인으로 운영됩니다. 2005년 리옹에서 운영한 것이 시민들로부터 호응을 얻자 2007년 7월 15일부터 파리에서도 시행했습니다.

벨리브를 이용하기 위해서는 보증금을 내야 하며, 다양한 요금제가 있습니다. 24시간 이용 시 보증금은 5유로, 7일 이용 시 보증금은 15유로입니다. 대여 후 최초 30분은 무료이며 이후 30분 단위로 요금이 책정됩니다.

▲ vélib 대여소의 모습

J'ai mal
à la tête aussi.

Leçon

08

J'ai mal
à la tête aussi.

머리도 아파.

⟍ **학습 목표**
> 신체의 아픔 및 증상에 대해
> 말할 수 있다.

⟍ **공부할 내용**
> 건강 상태 말하기
> 아픈 곳 말하기
> 신체 부위 명칭

⟍ **주요 표현**
> J'ai un peu froid.
> J'ai mal à la tête aussi.
> Vous prenez aussi de la vitamine C.

말문트GO!

🎧 Track 08-01

 Dialogue 1

레아의 컨디션이 좋아 보이지 않습니다. 어디가 아픈 걸까요?

Nicolas	Ça va ? Est-ce que tu es fatiguée ? 싸 바 에스 끄 뛰 에 빠띠게
Léa	Oui, je suis fatiguée et j'ai un peu froid. 위 쥬 쒸이 빠띠게 에 줴 앙 뾔 프후아
Nicolas	Dis donc ! Tu as de la fièvre. 디 동끄 뛰 아 들 라 피에브흐
Léa	J'ai mal à la tête aussi. 줴 말 알 라 떼뜨 오씨
Nicolas	Allez, on va à la pharmacie. 알레 옹 바 알 라 파흐마씨

니꼴라	괜찮아? 너 피곤하니?
레아	응, 피곤하고 조금 추워.
니꼴라	이런! 너 열이 나.
레아	머리도 아파.
니꼴라	자, 우리 약국에 가자.

VOCA

fatiguée 'fatigué 피곤한'의 여성 단수형 **un peu** 약간, 조금 **froid** m. 추위 **dis donc** 이런 (감탄사)
fièvre f. 열 **mal** m. 고통, 아픔 **tête** f. 머리 **allez** 자, 그럼 **va** 동사 'aller 가다'의 3인칭 단수 현재 변화형
à ~에 **pharmacie** f. 약국

🎯 **• 포인트 잡GO!**

❶ 'Dis donc ! 이런!'은 감탄사로, donc는 끝의 c를 보통 아주 가볍게 발음하거나 거의 들리지 않게 말합니다.

❷ allez는 원래 3군 동사 'aller 가다'의 2인칭 복수 현재 변화형이지만, 무언가를 재촉하거나 응원할 때
쓰이기도 합니다.

핵심 배우GO!

Clé

1 추운지 더운지 말하기

- J'ai **froid**. 나는 **춥습니다**.
- J'ai **très froid**. 나는 매우 **춥습니다**.
- J'ai **chaud**. 나는 **덥습니다**.
- J'ai **très chaud**. 나는 매우 **덥습니다**.

2 열이 나는지 말하기

- J'ai **de la fièvre**. 나는 **열이 납니다**.
- Je **n'ai pas de fièvre**. 나는 **열이 나지 않습니다**.

3 아픈 곳 말하기

- Vous avez mal **à la gorge**. 당신은 **목이** 아픕니다.
- Tu as mal **au ventre**. 너는 **배가** 아프구나.
- Il a mal **aux jambes**. 그는 **다리가** 아픕니다.

 • Remarques

'열이 난다'는 'avoir de la fièvre'라고 말합니다. 부정문에서는 부분관사가 부정의 de로 바뀌므로 유의합니다.

Parlez 말문트GO!

🎧 Track 08-02

 Dialogue 2

레아는 약사에게 증상을 설명하고 약을 구매합니다.

Pharmacien	Bonjour. 봉쥬흐	
Léa	Bonjour monsieur. J'ai un rhume. 봉쥬흐 　무씨유 　쥐 앙 휨	
Pharmacien	Vous avez de la fièvre ? 부 　자베 　들 라 피에브흐	
Léa	Oui. J'ai mal à la tête aussi. 위 　쥐 　말 알라 떼뜨 　오씨	
Pharmacien	Vous n'avez pas mal à la gorge ? 부 　나베 　빠 　말 알라 　고흐쥬	
Léa	Si, j'ai mal à la gorge. 씨 　쥐 　말 　알 라 　고흐쥬	
Pharmacien	Voilà. Vous prenez trois comprimés par jour. 부알라 　부 　프흐네 　트후아 　꽁프히메 　빠흐 쥬흐 Vous prenez aussi de la vitamine C. 부 　프흐네 　오씨 　들 라 　비따민 　쎄	
Léa	Merci. Au revoir. 메흐씨 　오 흐부아흐	

약사	안녕하세요.
레아	안녕하세요. 저는 감기에 걸렸어요.
약사	열이 있나요?
레아	네. 머리도 아파요.
약사	목은 아프지 않으세요?
레아	아니요, 목이 아파요.
약사	여기 있습니다. 하루에 세 알 드세요. 비타민 C도 드세요.
레아	감사합니다. 안녕히 계세요.

VOCA

> **rhume** m. 감기　**gorge** f. 목구멍　**si** 부정의문문에 대한 긍정의 대답으로 oui 대신 사용. 실제 의미는 '아니요'로 해
> 석　**voilà** 여기 있어요　**prenez** 동사 'prendre 먹다'의 2인칭 복수 현재 변화형　**comprimé** m. 알약　**par** (단
> 위) ~마다　**vitamine** f. 비타민

 • 포인트 잡GO!

❶ gorge는 목의 내부 즉, 목구멍을 의미하며 목의 외부에 피부 트러블이 나거나 근육이 뻐근하여 목이
아프다고 할 땐 'cou m. 목'을 사용해 'J'ai mal au cou.'라고 말합니다.

❷ voilà는 무언가를 상대방에게 건네줄 때 '여기 있습니다'라는 의미로 사용합니다.

핵심 배우GO!
Clé

4 감기에 걸렸다고 말하기

- Vous **avez un rhume**.   당신은 **감기에 걸렸습니다**.
- Tu **es enrhumé(e)**.   너는 감기에 걸렸다.
- J'**ai la grippe**.   나는 **독감에 걸렸습니다**.

5 약을 먹으라고 말하기

- **Vous prenez** des médicaments.   (당신은) 약을 드세요.
- **Vous prenez** un comprimé d'aspirine.   (당신은) 아스피린 한 알을 드세요.
- **Vous prenez** du sirop.   (당신은) 시럽을 드세요.

6 'par+기간' 말하기

- **par** jour 하루에
- **par** semaine 일주일에
- **par** mois 한 달에
- **par** an 일 년에

• Remarques

❶ 감기에 걸렸다고 말할 땐 avoir un rhume 혹은 être enrhumé(e)라고 합니다. 독감에 걸렸다고 말할 땐 avoir la grippe라고 합니다.

❷ Vous prenez는 직역하면 '당신은 ~을(를) 먹습니다'지만, 여기에서처럼 약사가 환자에게 말하는 경우 '(당신은) ~을(를) 드세요'로 해석됩니다.

❸ '약을 복용하다'라고 말할 땐 동사 'manger 먹다'가 아니라 prendre 동사를 써야 합니다.

Leçon 08　115

문법 다지GO!

1 'avoir 현재형+무관사 명사' 관용 표현

//	J'ai froid.	나는 춥습니다.
	J'ai chaud.	나는 덥습니다.
	J'ai faim.	나는 배가 고픕니다.
	J'ai soif.	나는 갈증이 납니다.
	J'ai sommeil.	나는 졸립니다.
	J'ai peur.	나는 무섭습니다.

2 아픈 곳을 말할 때 'avoir mal à 정관사+신체 부위'

//	J'ai mal **à la tête**.	나는 **머리가** 아픕니다.
	J'ai mal **à la gorge**.	나는 **목이** 아픕니다.
	J'ai mal **au ventre**.	나는 **배가** 아픕니다.
	J'ai mal **aux jambes**.	나는 **다리가** 아픕니다.

3 전치사 à

전치사 à는 주로 뒤에 장소나 사람을 이끌며 '~에, ~에게'라는 뜻으로 쓰입니다. à 뒤에 정관사가 오는 경우, 여성 단수 la와 모음 단수 l'를 제외하고 아래와 같이 축약합니다.

남성 단수	à le → au	Je vais au café.	나는 카페에 갑니다.
여성 단수	à la	Elle va à la montagne ce week-end.	그녀는 이번 주말에 산에 갑니다.
모음 단수	à l'	Nous allons à l'école.	우리는 학교에 갑니다.
남성 / 여성 복수	à les → aux	Vous donnez du chocolat aux enfants.	너희들은 그 아이들에게 초콜릿을 준다.

4 **3군 불규칙 동사 변화형**

aller 가다			
je	vais	nous	allons
tu	vas	vous	allez
il/elle/on	va	ils/elles	vont

Je **vais** au cinéma. 나는 영화관에 **갑니다**.

Nous **allons** à la mer. 우리는 바다에 **갑니다**.

Ils **vont** à Paris. 그들은 파리에 **갑니다**.

> **Tip** aller 동사는 '가다'라는 의미 외에도 '(건강 상태가) ~하다'의 의미로, 안부를 주고받을 때 사용합니다.

prendre 잡다, 먹다, 마시다, 타다			
je	prends	nous	prenons
tu	prends	vous	prenez
il/elle/on	prend	ils/elles	prennent

Je **prends** du café. 나는 커피를 **마십니다**.

Vous **prenez** de la salade. 당신은 샐러드를 **먹습니다**.

Elles **prennent** un taxi. 그녀들은 택시를 **탑니다**.

> **Tip** prendre는 물건이나 음식을 선택할 때, 음식을 먹거나 마실 때, 교통수단을 탈 때 등 일상 회화에서 두루 쓰이는 중요한 동사입니다.

5 **부정의문문에 답하기**

부정의문문에 긍정의 의미를 가진 대답을 하고 싶다면 oui가 아닌 si를 사용해야 합니다. 부정의 의미를 가진 대답은 긍정의문문에 대한 대답 방식과 동일하게 non으로 말합니다.

// Vous n'avez pas froid ? 춥지 않으세요?

> **긍정** Si, j'ai froid. 아니요, 춥습니다.

> **부정** Non, je n'ai pas froid. 네, 춥지 않습니다.

> **Tip** 실제 의미에 맞게 의역하면 Si는 '아니요', Non은 '네'라고 해석하면 자연스럽습니다.

1 다음 문장들을 잘 듣고 써 보세요.

🎧 Track 08-03

// **1**

_____

// **2**

_____

// **3**

_____

// **4**

_____

// **5**

_____

2 다음 우리말을 보고 빈칸을 알맞게 채우세요.

보기	au	à la	à l'	aux

// **1** 나는 목이 아픕니다.

J'ai mal _____ gorge.

// **2** 당신은 배가 아픕니까 ?

Est-ce que vous avez mal _____ ventre ?

// **3** 그녀는 다리가 아픕니다.

Elle a mal _____ jambes.

// **4** 그들은 학교에 갑니다.

Ils vont _____ école.

// **5** 나는 약국에 갑니다.

Je vais _____ pharmacie.

3 다음 질문에 답하세요.

// **1** Est-ce que vous avez de la fièvre ? 당신은 열이 있습니까?

Non, _____

// **2** Est-ce que tu es fatigué ? 너는 피곤하니?

Oui, _____

// **3** Vous n'avez pas mal à la tête ? 당신은 머리가 아프지 않습니까?

Si, _____

// **4** Elle a soif ? 그녀는 갈증이 납니까?

Non, _____

4 다음 중 우리말과 일치하지 <u>않는</u> 문장을 고르세요.

//	① 나는 열이 납니다.	→	J'ai de la fièvre.
//	② 그녀는 덥습니다.	→	Elle a chaud.
//	③ 당신은 머리가 아픕니다.	→	Vous avez mal à la tête.
//	④ 그는 춥습니다.	→	Il fait froid.
//	⑤ 나는 감기에 걸렸습니다.	→	J'ai un rhume.

---

❶ ① J'ai froid. / ② J'ai chaud. / ③ Je n'ai pas chaud. / ④ J'ai mal à la tête. / ⑤ J'ai mal à la gorge.

❷ ① à la ② au ③ aux ④ à l' ⑤ à la

❸ ① je n'ai pas de fièvre. / ② je suis fatigué. / ③ j'ai mal à la tête. / ④ elle n'a pas soif.

❹ ④ fait → a

어휘 늘리 GO!

 신체 부위

1 머리 la tête	15 턱 le menton
2 머리카락 les cheveux	16 어깨 l'épaule
3 얼굴 le visage	17 팔 le bras
4 이마 le front	18 팔꿈치 le coude
5 볼 la joue	19 가슴 la poitrine
6 눈 l'œil, les yeux	20 등 le dos
7 코 le nez	21 배 le ventre
8 입 la bouche	22 손 la main
9 입술 la lèvre	23 손가락 le doigt
10 치아 la dent	24 다리 la jambe
11 혀 la langue	25 무릎 le genou
12 귀 l'oreille	26 발 le pied
13 눈썹 le sourcil	27 발가락 l'orteil
14 속눈썹 le cil	

France

프랑스 만나GO!

유학생을 위한 프랑스의 의료 보험 제도는?

프랑스의 여러 가지 의료 보험 제도 중 유학생들이 반드시 가입해야 하는 의료 보험에 대해 알아보겠습니다.

프랑스 의료 보험은 기초 의료 보험인 *sécurité sociale*과 보충 의료 보험인 *mutuelle* (혹은 *assurance complémentaire*)가 있습니다. 기초 의료 보험의 경우 의료비의 70%를, 보충 의료 보험의 경우 30%를 지원받을 수 있습니다. 이들 둘 모두 가입되어 있다면 100% 지원받을 수 있습니다. 하지만 모든 진료 분야에서 의료비가 지원되지는 않으므로 보험 가입 시 어떠한 혜택을 받을 수 있는지 확인해야 합니다. 그렇다면 유학생들이 가입해야 하는 의료 보험은 어떤 것이 있을까요? 만 28세 기준으로 다음과 같이 나뉩니다.

∥1 만 28세 미만의 학생

만 28세 미만의 학생들은 학교에 등록할 때 학교를 통해 기초 의료 보험인 *sécurité sociale* 비용을 지불하여 간편하게 가입 처리할 수 있습니다. 보충 의료 보험은 기초 의료 보험을 가입할 때 보장 범위에 따라 비용이 추가됩니다. 몇몇 공립 어학원이나 학교를 제외하면 학생이 직접 프랑스 건강 보험 기금인 CPAM에 가서 직접 신청해야 하는 경우도 있으니, 직접 가입해야 하는지 또는 학교에서 처리해 주는지 사전에 반드시 확인해야 합니다.

∥2 만 28세 이상의 학생

만 28세 이상의 학생들은 학교에서 의료 보험을 신청할 수 없습니다. 프랑스 건강 보험 기금인 CPAM (Caisse Primaire d'Assurance Maladie)을 통해 가입할 수 있습니다. 먼저 CMU (Couverture maladie universelle)에 가입해야 합니다. (2016년 1월부터는 PUMA (la Protection Universelle Maladie)로 대체되었습니다.) 그렇다면 CMU에는 어떻게 가입할 수 있을까요? 먼저 만 28세 이상의 프랑스 입국 후 3개월 이상 거주한 자여야 하며, 프랑스 주택 보조금을 신청하고 allocation 번호를 받은 자여야 합니다. 이 조건에 부합하면 CMU 홈페이지에 들어가 신청서를 다운받아 필요한 서류들을 준비하고, 본인이 거주하는 지역의 CPAM 사무소로 보내거나 방문 제출하면 됩니다. 프랑스의 행정 처리는 한국과 비교하여 매우 느린 편입니다. 처리가 완료되기까지 많이 기다릴 수 있으므로 시간 여유를 넉넉히 두고 서류를 제출해야 합니다.

Leçon
09

Je voudrais un café, s'il vous plaît.

커피 한 잔 주세요.

↘ 학습 목표
카페에서 음료를 주문할 수 있다.
금액을 계산할 수 있다.

↘ 공부할 내용
근접 미래
음료 종류 말하기
가격 묻고 답하기
부탁하는 표현

↘ 주요 표현
Bonjour, vous désirez ?
Moi, je voudrais un chocolat chaud.
Ça fait combien ?

 Parlez

말문 트GO!

🎧 Track 09-01

 Dialogue 1

위고, 레아, 니꼴라는 파리의 유명한 카페 Les Deux Magots에 가고 있어요.

Hugo	J'ai soif. On va boire quelque chose ?	**위고**	나 갈증이 나. 우리 뭐 좀 마실까?
	줴 쑤아프 옹 바 부아흐 껠끄 쇼즈	**레아**	알겠어. 우리 카페에 가자!
Léa	D'accord. On va au café !	**니꼴라**	'레 되 마고'라는 카페가 있어.
	다꼬흐 옹 바 오 까페	**레아**	아 그래! 매우 유명한 카페지.
Nicolas	Il y a le café « Les Deux Magots ».	**니꼴라**	항상 사람들이 많아.
	일 리 야 르 까페 레 되 마고		가자!
Léa	Ah oui ! C'est un café très célèbre.		
	아 위 쎄 땅 까페 트헤 쎌레브흐		
Nicolas	Il y a toujours beaucoup de monde.		
	일 리 야 뚜쥬흐 보꾸 드 몽드		
	On y va !		
	오 니 바		

VOCA

boire 마시다 (3군 동사)   **va boire** 마실 것이다 (va는 동사 'aller 가다'의 3인칭 단수형)   **quelque chose** 어떤 것, 무언가   **célèbre** 유명한   **toujours** 항상, 언제나   **beaucoup de+무관사 명사** 많은 ~   **monde** m. 세계, 사람들

🎯 **● 포인트 잡GO!**

On y va ! 에서 y는 '거기에'라는 뜻의 대명사입니다. On y va !는 '갑시다!', '가자!', '시작합시다!'의 의미로 쓰입니다.

핵심 배우GO!

Clé

1 마시자고 제안하기

- On va manger **quelque chose** ?   우리 뭐 좀 먹을까?
- Vous allez boire **quelque chose** ?   뭐 좀 마시겠습니까?

2 'beaucoup de+무관사 명사'로 많다고 말하기

- Il y a **beaucoup** de monde.   사람들이 **많습니다**.
- J'ai **beaucoup** de livres.   나는 책이 **많습니다**.
- Il a **beaucoup** d'amis.   그는 친구가 **많습니다**.

 • Remarques

❶ 'aller 동사 현재형+동사 원형'으로 가까운 미래 즉, 근접 미래를 표현할 수 있습니다.
   예) Je **vais travailler** demain. 내일 나는 **일을 할 것입니다**.

❷ 'beaucoup de+무관사 명사'는 '많은 ~'라는 뜻입니다. le monde는 단수명사로만 쓰이므로
   'beaucoup de monde'는 '많은 사람들'이라는 뜻이 됩니다.

Parlez

말문트GO!

🎧 Track 09-02

💬 **Dialogue 2**

Les Deux Magots는 랭보와 프레베르 등 프랑스의 대문호들이 즐겨 찾던 카페예요.

Nicolas	S'il vous plaît. 씰 부 쁠레
Serveur	Bonjour, vous désirez ? 봉쥬흐 부 데지헤
Nicolas	Je voudrais un café, s'il vous plaît. 쥬 부드헤 앙 꺄페 씰 부 쁠레
Hugo	Moi, je voudrais un chocolat chaud. 무아 쥬 부드헤 앙 쇼꼴라 쇼
Léa	Pour moi, un coca, s'il vous plaît. 뿌흐 무아 앙 꼬꺄 씰 부 쁠레
Serveur	Très bien. 트헤 비앙
	[plus tard] 쁠뤼 따흐
Nicolas	Ça fait combien ? 싸 페 꽁비앙
Serveur	Un café 4 euros 70, un chocolat chaud 앙 꺄페 꺄트 외호 쑤아썽뜨디쓰 앙 쇼꼴라 쇼 7 euros 50, un coca 6 euros 80. 쎄 뙤호 쌍껑뜨 앙 꼬꺄 씨 죄호 꺄트흐방 Ça fait 19 euros. 싸 페 디즈너 뵈호

니꼴라 여기요.
웨이터 안녕하세요, 주문하시겠어요?
니꼴라 커피 한 잔 주세요.
위고 저는 핫초코 한 잔 주세요.
레아 저는 콜라 주세요.
웨이터 네, 알겠습니다.
　　　 [잠시 후]
니꼴라 다 해서 얼마입니까?
웨이터 커피는 4유로 70, 핫초코는 7유로
　　　 50, 콜라는 6유로 80.
　　　 다 해서 19유로입니다.

VOCA **désirez** 동사 'désirer 바라다'의 2인칭 복수 현재 변화형 **voudrais** 동사 'vouloir 원하다'의 1인칭 단수 조건법 현재로, 공손하게 부탁할 때 사용 **chocolat chaud** m. 핫초코 **coca** m. 콜라 **combien** 얼마나

 • 포인트 잡GO!

❶ 's'il vous plaît'는 부탁할 때뿐만 아니라, 식당이나 카페에서 종업원을 부를 때도 사용합니다.

❷ 'Très bien.'은 직역하면 '매우 좋습니다.'라는 뜻이나 여기에서처럼 '알겠습니다.'라는
대답으로도 말합니다.

핵심 배우GO!

Clé

3 주문 받기

- Vous désirez ?　　　　　　　　　　　　　주문하시겠어요?

- Qu'est-ce que vous prenez ?　　　　　무엇을 드시겠습니까?

4 음료 주문하기

- Je voudrais un **café allongé**, s'il vous plaît.　아메리카노 한 잔 주세요.

- Pour moi, un **jus d'orange**.　　　　　저는요, **오렌지 주스** 한 잔이요.

- Un **déca**(= **café décaféiné**), s'il vous plaît.　디카페인 커피 한 잔 주세요.

5 가격 묻기

- C'est **combien** ?　　　　　　　　　　얼마입니까?
  (= Ça coûte **combien** ?)

- Ça fait **combien** ?　　　　　　　　　다 해서 **얼마입니까?**

 • Remarques

❶ 'Vous désirez ?'는 직역하면 '당신은 원하십니까?'라는 뜻이지만 식당이나 카페에서는 주로 종업원이 '주문하시겠어요?'라는 의미로 말합니다.

❷ coûter 동사는 '값이 ~이다'라는 뜻의 1군 규칙 동사입니다.

❸ 'Ça fait combien ?'은 복수의 물건을 샀을 때 가격을 묻는 표현입니다.

문법 다지GO!

Retenez

① 근접 미래 말하기

'aller 동사 현재형+동사 원형'으로 가까운 미래 즉, 근접 미래 내용을 말해 보세요. 근접 미래 부정형은
'주어+ne(n')+aller 동사 현재형+pas+동사 원형'의 어순입니다.

Je **vais manger** avec Marie.   나는 마리와 함께 **먹을 거야**.

Vous **allez prendre** un coca ?   당신은 콜라를 **마실 것입니까?**

// 근접 미래 묻고 답하기

Tu **vas rentrer** à la maison ? 너는 집에 **돌아갈 거니?**
(= Est-ce que tu vas rentrer à la maison ?)
(= Vas-tu rentrer à la maison ?)

Tip 근접 미래 도치형 의문문은 'aller-주어+동사 원형 ?' 어순입니다.

긍정 Oui, je **vais rentrer** à la maison. 응, 나는 집에 **돌아갈 거야**.

부정 Non, je **ne vais pas rentrer** à la maison. 아니, 나는 집에 **돌아가지 않을 거야**.

② beaucoup de(d')+무관사 명사: 수량 표현

beaucoup는 '많이'라는 뜻의 부사로, 뒤에 de와 함께 무관사 명사 (셀 수 없는 명사는 단수형, 셀 수
있는 명사는 복수형)을 이끌어 '많은 ~'의 문형이 됩니다.

Vous avez **beaucoup de** livres. 당신은 책이 **많습니다**.

Il y a **beaucoup de** monde. 사람들이 **많습니다**.

Tip 명사 앞에 관사를 쓰지 않으므로, de 뒤에 모음이나 무음 h로 시작하는 명사가 올 땐 d'로 축약해야 합니다.

// 수량 표현 'trop de 너무 많은', 'un peu de 약간의'도 활용해 보세요.

Il y a **trop de** monde le samedi. 토요일에는 사람들이 **너무 많습니다.**

J'ai **un peu de** fièvre. 나는 **약간의** 열이 있습니다.

③ 요구 또는 부탁을 나타내는 **voudrais**

voudrais는 vouloir 동사의 조건법 현재 형태로, 정중하게 무언가를 요구하거나 부탁할 때 사용됩니다. 아래의 표와 예문을 참조하여 말해 보세요.

vouloir 원하다			
je	voudrais	nous	voudrions
tu	voudrais	vous	voudriez
il/elle/on	voudrait	ils/elles	voudraient

예

Je **voudrais** un croissant avec un café, s'il vous plaît. 저는 크루아상 한 개와 커피 한 잔을 **주세요.**

Vous **voudriez** un peu de sucre ? 설탕을 약간 **드릴**까요?

Écrivez

실력 높이 GO!

---

1 녹음을 잘 듣고 아래에 써 보세요.   🎧 Track 09-03

‖ **1**
_____

‖ **2**
_____

‖ **3**
_____

‖ **4**
_____

‖ **5**
_____

2 다음 질문에 근접 미래 구조로 대답하세요.

‖ **1** Allez-vous prendre un cappuccino ? 당신은 카푸치노를 마시겠습니까?
Oui, _____

‖ **2** Tu vas travailler ce week-end ? 너는 이번 주말에 일할 거니?
Non, _____

‖ **3** Allez-vous regarder la télévision ? 당신은 텔레비전을 볼 것입니까?
Oui, _____

‖ **4** Est-ce que tu vas aller à la pharmacie ? 너는 약국에 갈 거니?
Non, _____

3 다음 중 우리말과 일치하지 <u>않는</u> 문장을 고르세요.

// ① 그것은 30유로 10상팀입니다.　　→　　C'est trente euros dix.

// ② 그것들은 25유로입니다.　　　　→　　Ça fait vingt-cinq euros.

// ③ 그것은 14유로 20상팀입니다.　　→　　C'est quinze euros vingt.

// ④ 그것은 65유로입니다.　　　　　→　　Ça coûte soixante-cinq euros.

// ⑤ 그것들은 19유로 40상팀입니다.　→　　Ça fait dix-neuf euros quarante.

4 다음 대화 중 <u>어색한</u> 것을 고르세요.

//**1** Ⓐ : Vous désirez ?
　　　Ⓑ : Je voudrais un jus d'orange, s'il vous plaît.

//**2** Ⓐ : C'est combien ?
　　　Ⓑ : Nous sommes trois.

//**3** Ⓐ : Qu'est-ce que vous prenez ?
　　　Ⓑ : Pour moi, un thé, s'il vous plaît.

//**4** Ⓐ : Ça fait combien ?
　　　Ⓑ : Ça fait 23 euros.

❶ ① un café ② un coca ③ un jus d'orange ④ un croissant ⑤ un chocolat chaud
❷ ① je vais prendre un cappuccino. / ② je ne vais pas travailler ce week-end. / ③ je vais regarder la télévision.
　④ je ne vais pas aller à la pharmacie.
❸ ③ quinze → quatorze
❹ ②

 여러 가지 음료의 이름을 말해 보세요.

un expresso 에스프레소	un jus de fruits 과일 주스
un café allongé 아메리카노	un jus d'orange 오렌지 주스
un café crème 크림커피	un jus de raisin 포도 주스
un cappuccino 카푸치노	un jus de mangue 망고 주스
un café au lait 카페라떼	une pression (= bière à la pression) 생맥주
un café mocha 카페모카	un cocktail 칵테일
un caramel macchiato 캐러멜 마키아토	un vin blanc 화이트와인
un déca (= café décaféiné) 디카페인 커피	un vin rouge 레드와인
un chocolat chaud 핫초코	un coca 콜라
un Milk-shake 밀크셰이크	un soda 사이다
	une eau gazeuse 탄산수

Café
un expresso
un café allongé
un café au lait
un café mocha

Alcool
une pression
un cocktail
un vin blanc
un vin rouge

Jus
un jus de fruits
un jus d'orange
un jus de raisin
un jus de mangue

Sodas
un coca
un soda

Tip 캐나다 퀘백과 스위스에서는 밀크셰이크를 보통 'lait frappé [레 쁘하뻬]'라고 하지만 프랑스에서는 영문 'Milk shake'를 그대로 사용합니다.

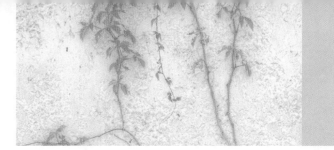

 France
프랑스 만나GO!

베르사유 궁전과 주변 관람하기

프랑스의 관광 명소 중 하나인 베르사유 궁전은 세계적으로 유명한 문화유산입니다. 화려한 건축과 아름다운 정원으로 잘 알려져 있으며, 베르사유 궁전이 세워진 배경 또한 흥미롭습니다. 루이 14세 당시 재무경이었던 Nicolas Fouquet [니꼴라 푸께]가 'Château Vaux-le-Vicomte 보 르 비콩트 성'을 지어 젊은 루이 14세를 이 성에 초대하였는데 이때 루이 14세는 그 아름다움과 화려함에 반해 루이 13세 때 사냥용 별장으로 사용했던 베르사유에 궁을 짓게 되었습니다. 루이 14세는 베르사유 궁전을 짓기 위해 당대의 저명한 예술가들을 모두 불러들였고 대공사를 거쳐 마침내 지금의 화려한 베르사유 궁전이 탄생했습니다.

베르사유 궁전 북서쪽에 위치한 별궁인 'Grand Trianon 그랑 트리아농궁'과 'Petit Trianon 쁘띠 트리아농궁'도 관광객들에게 인기가 높습니다. 그랑 트리아농궁은 루이 14세의 연인이었던 매트농 부인을 위해 지어진 별궁이며, 쁘띠 트리아농궁은 루이 15세 때 마담 드 퐁파두르를 위해 세워진 별궁입니다. 또 다른 별궁은 베르사유 궁전과 전혀 다른 분위기로 'Le Hameau de la Reine 왕비의 마을'이라는 곳입니다. 마리 앙투아네트의 마을이라고도 불리는데 작은 시골 촌락 형태로 건축하였습니다. 18세기 귀족들 사이에는 시골 생활 체험이 유행했는데, 마리 앙투아네트도 이 유행을 따라 궁전 안에 작은 촌락을 조성한 곳이 바로 왕비의 마을입니다. 커다란 호수를 중심으로 10여 채의 아기자기하며 소박한 농가로 구성되어 있습니다.

정원은 표를 끊지 않고도 들어가서 마음껏 구경하고 산책할 수 있으나, 궁전 내부까지 관람하려면 표를 끊어야 합니다. 티켓을 구매하기 위해 창구를 이용해도 되지만 티켓을 판매하는 기계를 이용해 더 빨리 편리하게 표를 구매할 수 있습니다. 드넓은 정원을 걸어서 구경해도 좋지만 걷기 싫다면 작은 열차가 있으니 편하게 이용할 수 있습니다. 뿐만 아니라 궁전 내에 있는 운하에서 작은 보트도 탈 수 있습니다. 여름철 전후의 분수 쇼도 놓칠 수 없는 볼거리입니다.

Leçon
10

On déjeune ici ?
우리 여기서 점심 먹을까?

＼ **학습 목표**
식당에서 음식과 음료를 주문할 수 있다.

＼ **공부할 내용**
음식 종류
2군 동사 변화형
수량 묻기
의문대명사 que

＼ **주요 표현**
Vous êtes combien ?
Nous sommes deux.
Moi, je vais prendre du bœuf
bourguignon.

Parlez

말문트GO!

🎧 Track 10-01

 Dialogue 1

위고와 레아는 식당에 점심을 먹으러 왔습니다.

Hugo	On déjeune ici ? 옹 데죈 이씨
Léa	Oui. J'ai faim. 위 줴 팡
Serveur	Bonjour, messieurs-dames. 봉쥬흐 메씨유 담 Vous êtes combien ? 부 젯뜨 꽁비앙
Hugo	Bonjour, nous sommes deux. 봉쥬흐 누 쏨 되
Serveur	Très bien. Vous avez une table près de 트헤 비앙 부 자베 윈 따블르 프헤 드 la fenêtre. 라 프네트흐
Léa	C'est parfait. 쎄 빠흐페
Serveur	Voici le menu. 부아씨 르 므뉘

위고	우리 여기서 점심 먹을까?
레아	그래. 나 배고파.
웨이터	안녕하세요. 몇 분이십니까?
위고	안녕하세요, 우리는 두 명입니다.
웨이터	알겠습니다. 창가에 테이블이 있습니다.
레아	좋습니다.
웨이터	자 여기에 메뉴가 있습니다.

> **VOCA** ici 여기에(서) **faim** f. 굶주림, 허기 **près de** ~가까이에 **fenêtre** f. 창문 **voici** 여기 ~이(가) 있다 **menu** m. 메뉴

• 포인트 잡GO!

messieurs-dames은 monsieur의 복수형 messieurs와 madame의 복수형 mesdames을 합친 호칭으로, 남녀 둘 이상의 사람들을 부를 때 사용합니다.

핵심 배우GO!

Clé

1 몇 명인지 묻고 답하기

- Vous êtes **combien** ?
  (= **Combien** êtes-vous ?)

  몇 분이십니까?

- Nous sommes **deux**.
  (= Nous sommes **deux personnes**.)

  우리는 둘입니다.
  (= 우리는 **두 사람**입니다.)

2 전화로 식당 예약하기

- Je voudrais **réserver une table**.

  테이블을 예약하고 싶습니다.

- Je voudrais réserver une table **pour ce soir**.

  오늘 저녁에 테이블을 예약하고 싶습니다.

- Pour **combien de personnes** ?

  몇 분을 위한 것입니까?

- **Pour** trois personnes.

  세 명을 위한 것입니다.

 • Remarques

❶ combien은 '얼마나, 몇의'의 뜻으로 가격이나 수량을 물을 때 씁니다.
  예) C'est **combien** ? 얼마입니까? / Vous êtes **combien** ? 몇 분이십니까?

❷ 'combien de(d')+무관사 명사'는 '몇몇의 ~, 얼마나 많은 ~'을 의미하며 수량을 물을 때 사용합니다.

❸ réserver는 '예약하다'라는 뜻의 1군 동사입니다.

MENU

Parlez

말문 트GO!

🎧 Track 10-02

💬 **Dialogue 2**

레스토랑에서는 대부분 전채 요리, 주요리, 후식을 포함한 코스를 금액대별로 판매합니다.

Serveur	Vous avez choisi ? Vous désirez un apéritif ? 부 자베 슈아지 부 데지헤 아 나뻬히띠프
Hugo	Oui, deux kirs, s'il vous plaît. Et on va 위 되 끼흐 씰 부 쁠레 에 옹 바 prendre le menu à 30 euros. 프헝드흐 르 므뉘 아 트헝 뙤호
Serveur	D'accord. Qu'est-ce que vous prenez 다꼬흐 께 스 끄 부 프흐네 comme entrée ? 꼬 멍트헤
Hugo	Une soupe à l'oignon et une salade de 윈 쑤 빠 로뇽 에 윈 쌀라드 드 tomates, s'il vous plaît. 또마뜨 씰 부 쁠레
Serveur	Bien. Et comme plat ? 비앙 에 꼼 쁠라
Léa	Pour moi, un steak-frites. 뿌흐 무아 앙 스떽 프히뜨
Serveur	Quelle cuisson pour la viande ? 껠 뀌쏭 뿌흐 라 비엉드
Léa	À point, s'il vous plaît. 아 뿌앙 씰 부 쁠레
Hugo	Moi, je vais prendre du bœuf bourguignon. 무아 쥬 베 프헝드흐 뒤 뵈프 부흐기뇽
Serveur	Voulez-vous du vin ? De l'eau ? 불레 부 뒤 방 들 로
Léa	Oui, deux verres de vin rouge et une carafe 위 되 베흐 드 방 후쥬 에 윈 까하프 d'eau, s'il vous plaît. 도 씰 부 쁠레

웨이터 다 고르셨습니까? 식전주를 원하십니까?

위고 네, 키르 두 잔 주세요. 그리고 우리는 30유로짜리 메뉴로 할게요.

웨이터 알겠습니다. 전채는 무엇으로 하시겠습니까?

위고 양파 수프와 토마토 샐러드 주세요.

웨이터 알겠습니다. 그리고 주요리는요?

레아 저는, 감자튀김을 곁들인 스테이크로 할게요.

웨이터 고기는 어떻게 익혀 드릴까요?

레아 중간 정도로 구워 주세요.

위고 저는 뵈프 부르귀뇽으로 할게요.

웨이터 와인이나 물을 원하십니까?

레아 네, 레드와인 두 잔과 물 한 병 주세요.

VOCA

apéritif m. 식전주 **kir** m. 키르 (와인을 베이스로 한 칵테일) **comme** ~(으)로는 **entrée** f. 전채 **soupe** f. 수프 **oignon** m. 양파 **salade** f. 샐러드 **tomate** f. 토마토 **plat** m. 요리 (plat principal 주요리) **cuisson** f. 굽기, 익히기 **viande** f. 고기 **à point** 미디엄, 중간 정도의 굽기 **vin** m. 와인 **eau** f. 물 **verre** m. 잔 **carafe d'eau** f. 물병

3 메뉴 말하기

• entrée	전채
• plat principal	주요리
• dessert	후식
• plat du jour	오늘의 요리

4 굽기 정도 말하기

• **Quelle** cuisson ?	**어떻게** 익혀 드릴까요?
• **Saignant**, s'il vous plaît.	**살짝** 구워 주세요.
• **À point**, s'il vous plaît.	**중간 정도**로 구워 주세요.
• **Bien cuit**, s'il vous plaît.	**바싹** 구워 주세요.

5 계산하기

• **L'addition**, s'il vous plaît.	계산서 부탁합니다.
• Vous payez **comment** ?	어떻게 계산하시겠습니까?
• Par **carte**.	카드로요.
• En **liquide**. (= En **espèces**)	현금으로요.

• Remarques

❶ 프랑스의 레스토랑에서는 요리를 주문하기 전 식전주를 원하는지 묻습니다.

❷ Vous avez choisi ? 다 고르셨습니까?'는 복합 과거 시제입니다. 이미 완료된 행동, 순서대로 완료된 행동을 말할 때 사용합니다.

❸ carafe d'eau는 프랑스의 식당이나 카페에서 제공하는 수돗물로, 별도의 요금이 청구되지 않습니다.

❹ comme은 '~처럼', '~(으)로는'의 의미로 쓰입니다. ⓔ comme moi 나처럼 / comme entrée 전채로는

1 복합 과거 구조

'avoir 동사의 현재형+동사의 과거 분사' 복합 과거 문형으로 과거에 완료된 행위나 사건을 말할 수 있습니다. 18과에서 복합 과거에 대해 보다 자세히 공부하겠습니다.

// Je mange de la salade. 나는 샐러드를 먹습니다.

→ J'**ai mangé** de la salade. 나는 샐러드를 **먹었습니다.**

Vous choisissez ? 당신은 고르십니까?

→ Vous **avez choisi** ? 당신은 **고르셨습니까?**

2 2군 동사 변화형

2군 동사 choisir의 주격 인칭대명사에 따른 변화형을 알아봅시다.

choisir 고르다, 선택하다			
je	chois**is**	nous	chois**issons**
tu	chois**is**	vous	chois**issez**
il/elle/on	chois**it**	ils/elles	chois**issent**

// 'finir 끝내다', 'grandir 자라다, 성장하다', 'grossir 커지다, 살찌다' 등의 2군 동사도 choisir와 동일한 규칙에 따라 어미 변화합니다.

Je **finis** tard le vendredi. 나는 금요일에 늦게 **끝납니다.**

Les enfants **grandissent.** 아이들은 **자랍니다.**

3 'combien de(d')+무관사 명사'로 수량 묻기

combien은 '얼마나'라는 뜻의 의문사지만, 뒤에 'de+무관사 명사 (셀 수 없는 명사일 경우에는 단수명사, 셀 수 있는 명사는 복수형)'를 이끌면 '몇몇의 ~, 얼마나 많은 ~'의 수량을 묻는 용법으로 쓰입니다.

// **Combien de livres** avez-vous ? 당신은 **몇 권의 책**을 가지고 있습니까?

Combien d'assiettes voulez-vous ? 당신은 **몇 개의 접시**를 원하십니까?

Pour **combien de personnes** ? **몇 분**을 위한 것입니까? (식당에서 자리를 예약할 때)

4 **의문대명사 que**

que는 '무엇'이라는 뜻의 의문대명사입니다. 뒤에 모음이나 무음 h로 시작하는 단어가 오면 qu'로
축약합니다.

// Que (Qu')+동사-주어 ?   ~은(는) 무엇을 ~합니까?

     = Qu'est-ce que(qu')+주어+동사 ?

     = 주어+동사+quoi ?

// 의문대명사 que가 문장 맨 끝에 위치하면 quoi로 변합니다.

     '주어+동사+quoi ?'는 친밀한 사이에서 주로 쓰는 구어체 표현입니다.

     예 Que regardes-tu ?   너는 무엇을 보니?

         = Qu'est-ce que tu regardes ?

         = Tu regardes quoi ?

// 동사와 주어를 도치했을 때 동사가 모음으로 끝나고 주어는 모음으로 시작하면 모음 충돌이 일어나므로
동사와 주어 사이에 -t-를 첨가하여 말합니다.

     예 Qu'achète-t-elle ?   그녀는 무엇을 사니?

         = Qu'est-ce qu'elle achète ?

         = Elle achète quoi ?

5 **전치사 pour**

전치사 pour는 '~을(를) 위해'라는 의미입니다.

     예 Elle chante pour moi.   그녀는 **나를 위해** 노래한다.

     Nous étudions le français **pour voyager en France**.
     우리는 **프랑스에서 여행하기 위해** 프랑스어를 공부합니다.

// 경우에 따라 pour가 장소명을 이끌면 '~행'이라는 뜻으로 쓰여 행선지를 나타냅니다.

     Il y a un train **pour Paris**.   **파리행** 기차가 있습니다.

1 다음 문장들을 잘 듣고 써 보세요.　　　　　　　　　　　　　🎧 Track 10-03

//**1**
_____

//**2**
_____

//**3**
_____

//**4**
_____

//**5**
_____

2 다음 질문에 알맞은 말을 넣어 대답을 완성하세요.

//**1** Est-ce que vous désirez un apéritif ? 식전주를 원하십니까?

Oui, _____ (네, 키르 한 잔 주세요.)

//**2** Quelle cuisson ? 어떻게 익혀 드릴까요?

_____ (바싹 구워 주세요.)

//**3** Voulez-vous du vin ? De l'eau ? 와인이나 물을 원하십니까?

_____ (물 한 병 주세요.)

3 우리말과 일치하는 프랑스어를 연결해 보세요.

① 후식 •　　　　　　　　　• entrée

② 전채 •　　　　　　　　　• plat principal

③ 식전주 •　　　　　　　　• apéritif

④ 주요리 •　　　　　　　　• dessert

4 다음 중 우리말과 일치하지 <u>않는</u> 문장을 고르세요.

① 몇 분이십니까?　　　　　　→　　Vous êtes combien ?

② 전채는 무엇으로 하시겠습니까?　→　Qu'est-ce que vous prenez comme plat ?

③ 중간 정도로 구워 주세요.　　→　À point, s'il vous plaît.

④ 물을 원하십니까?　　　　　→　Vous voulez de l'eau ?

❶ ① Vous êtes combien ? / ② Vous avez choisi ? / ③ Comme entrée ? / ④ Comme plat ? / ⑤ Comme dessert ?

❷ ① un kir, s'il vous plaît. / ② Bien cuit. / ③ Une carafe d'eau, s'il vous plaît.

❸ ① dessert ② entrée ③ apéritif ④ plat principal

❹ ② comme plat → comme entrée

★★★ 주방에서

une assiette 접시	un poêle 프라이팬
une cuillère 스푼	une casserole 냄비
une fourchette 포크	une spatule à riz 밥주걱
un couteau 칼, 나이프	une pince 집게
un verre 잔	une louche 국자
une serviette 냅킨	une spatule 뒤집개
une nappe 식탁보	un couteau de cuisine 부엌칼
une bouteille de vin 와인 한 병	une passoire 체
une bouteille de champagne 샴페인 한 병	une planche à découper 도마
un tire-bouchon 코르크 따개(오프너)	un gant à four 오븐 장갑

프랑스 만나GO!

프랑스의 주요 공휴일

프랑스에는 1월 1일 새해 (Le nouvel an), 부활절 이튿날의 월요일 (Lundi de Pâques), 5월 1일 노동절 (Fête du Travail), 5월 8일 전승 기념일 (Fête de la Victoire 제2차 세계 대전 종전 기념일), 예수 승천일 (Jeudi de l'Ascension), 오순절 (Pentecôte), 7월 14일 프랑스 혁명 기념일 (Fête Nationale), 몽소 승천절 (Assomption), 11월 1일 만성절 (La Toussaint), 11월 11일 제1차 세계 대전 휴전 협정 기념일 (Armistice) 그리고 12월 25일 크리스마스 (Noël) 이렇게 총 11일의 공휴일이 있습니다. 모두 특별한 날들이지만 그중 몇 가지를 자세히 알아보겠습니다.

1 Le jour de l'an 혹은 Le nouvel an 1월 1일 새해

프랑스도 1월 1일은 새해 첫날로 공휴일입니다. 12월 31일부터 새해를 맞이하기 위해 저녁 만찬을 즐깁니다. 이를 Le réveillon du nouvel an이라고 합니다. 여기서 réveillon [헤베이용]은 크리스마스 전날 밤 혹은 12월 31일 밤에 먹는 만찬을 뜻합니다. 카운트다운을 하고 1월 1일 자정이 되면 좋은 한 해가 되기를 바라는 마음으로 서로 Bonne année ![보 나네]라고 합니다.

2 Lundi de Pâques 부활절 이튿날의 월요일

Pâques는 부활절을 의미합니다. 아이들은 약 2주의 vacances de Pâques (부활절 바캉스)를 가집니다. 부활절 이튿날의 월요일은 주말을 연장해서 쉬기 위한 공휴일이기도 합니다. 많은 사람들은 이 공휴일과 바캉스를 가족들이 한데 모이는 기회로 삼습니다.

3 Fête Nationale 7월 14일 프랑스 혁명 기념일

프랑스의 가장 중요한 공휴일 중 하나로 1789년 7월 14일 프랑스 혁명의 발단이 된 바스티유 감옥 습격 사건을 기념합니다. 오전 10시부터 파리 개선문에서 콩코드 광장까지 군사 행진이 있고 프랑스 국기 색깔인 파란색, 흰색, 빨간색으로 하늘을 장식하는 에어쇼도 볼 수 있습니다. 밤에는 에펠 탑 앞에서 불꽃놀이도 열립니다.

Je voudrais un kilo de pommes, s'il vous plaît.

Leçon

11

Je voudrais un kilo de pommes, s'il vous plaît.

사과 1킬로 주세요.

⟍ 학습 목표
시장에서 과일과 채소를 살 수 있다.

⟍ 공부할 내용
과일과 채소 종류
수량 표현
대명사 en
대명사 tout

⟍ 주요 표현
Je voudrais un kilo de pommes,
s'il vous plaît.
J'en prends deux barquettes.
C'est tout ?

📍 Parlez

🎧 Track 11-01

💬 **Dialogue 1**

미나는 과일을 사려고 합니다. 여러분은 어떤 과일을 좋아하나요?

Mina	Bonjour, monsieur.
	Je voudrais un melon et un kilo de
	pommes, s'il vous plaît.
Vendeur	Voilà, madame. Et avec ça ?
Mina	Est-ce que vous avez des fraises ?
Vendeur	Je suis désolé, il n'y a plus de fraises.
	Vous ne voulez pas de kiwis ?
	Ils sont superbes et bon marché.
	2 euros les quatre.
Mina	D'accord, quatre kiwis, s'il vous plaît.

미나 안녕하세요.
   멜론 한 개와 사과 1킬로 주세요.
상인 여기 있습니다. 더 필요한 것
   있으세요?
미나 딸기 있어요?
상인 죄송하지만 더 이상 딸기가
   없습니다. 키위는 원치 않으세요?
   그것들은 아주 좋고 쌉니다.
   네 개에 2유로예요.
미나 알겠어요, 키위 네 개 주세요.

VOCA
melon m. 멜론 **kilo** m. 킬로, kg **pomme** f. 사과 **avec** 함께 **ça** 이것 **fraise** f. 딸기 **ne~plus~**
더 이상 ~않다 **kiwi** m. 키위 **superbe** 멋진, 아주 좋은 **bon marché** 값싼

● **포인트 잡GO!**

❶ 'un kilo de(d')+무관사 명사'는 '~ 1킬로그램'입니다. 이처럼 수량 단위는 명사 앞에 놓입니다.
   예 un kilo de pommes 사과 1킬로   deux kilos d'oranges 오렌지 2킬로

❷ avec ça는 'avec ceci'의 구어체로, 직역하면 '이것과 함께'라는 뜻이지만 여기에서처럼 '더 필요한 것
   있으세요?'라고 해석하면 자연스럽습니다.

핵심 배우GO!

1 무게 단위로 구매하기

- Je voudrais **un kilo de pommes**, s'il vous plaît.   사과 1킬로 주세요.
- Je vais prendre **deux kilos d'oranges**.   오렌지 2킬로 주세요.

2 추가 구매 묻기

- Avec ça ?   더 필요한 것 있으세요?
  (= Avec ceci ?)

- Vous voulez **autre chose** ?   다른 것도 원하십니까?
  (= Autre chose ?)

3 가격이 비싼지 말하기

- C'est **cher**.   비쌉니다.
- C'est **trop cher**.   너무 비쌉니다.
- Ce **n'**est **pas** cher.   비싸지 않습니다.
- C'est **bon marché**.   저렴합니다.

• Remarques

❶ prendre는 '사다'라는 의미로도 쓰이지만, 물건을 구매할 때 'Je vais prendre ~' 표현은 '~을(를) 살 것이다' 즉, '~을(를) 주세요'로 해석하면 자연스럽습니다.

❷ 'autre chose'는 '다른 것'이란 의미입니다. autre는 '다른, 별개의', chose는 '것, 일'을 뜻합니다.

❸ bon은 '좋은', marché는 '거래, 매매'를 의미하여 bon marché는 '좋은 거래', '저렴한 가격'을 나타냅니다.

 Parlez

말문 트GO!

🎧 Track 11-02

📋 Dialogue 2

미나는 채소도 좀 사려고 합니다. 가격은 모두 얼마일까요?

Mina	Je vais prendre aussi une salade et des tomates cerises.	
Vendeur	Vous voulez combien de tomates cerises ?	
Mina	J'en prends deux barquettes.	
Vendeur	Autre chose ?	
Mina	Je voudrais une botte d'asperges.	
Vendeur	Voilà. C'est tout ?	
Mina	Oui. Ça fait combien ?	
Vendeur	Ça fait 15 euros 20.	

미나	샐러드 한 개와 방울 토마토도 주세요.
상인	방울토마토는 얼마나 드릴까요?
미나	2팩 주세요.
상인	더 필요한 것 있으세요?
미나	아스파라거스 한 단 주세요.
상인	여기 있습니다. 이것이 전부입니까?
미나	네. 다 해서 얼마예요?
상인	모두 15유로 20상팀입니다.

> **VOCA** salade f. 샐러드 tomate f. 토마토 tomate cerise f. 방울토마토 en 그것 barquette f. 팩 autre 다른 chose f. 것 botte f. 단, 다발 asperge f. 아스파라거스 tout 모든 것, 전부

🎯 ● 포인트 잡GO!

❶ 'J'en prends deux barquettes.'에서 en은 'de tomates cerises'를 받는 대명사로, '주어+en+동사+수량' 형식입니다. 원래 문장은 'Je prends deux barquettes de tomates cerises.'입니다.

❷ Ça fait combien ?에서 fait는 동사 'faire ~하다'의 3인칭 단수 형태입니다. 가격을 말할 때도 faire 동사를 쓸 수 있습니다.

❸ 'salade 샐러드'는 생야채나 과일을 소스에 버무린 요리 외에, 여기에서처럼 샐러드용 채소 즉, 양상추류를 의미하기도 합니다.

핵심 배우GO!

4 대명사 en으로 말하기

- J'**en** prends une barquette.   저는 **그것을** 한 팩 주세요.
- Vous **en** voulez trois ?   **그것을** 세 개 원하십니까?

5 수량 말하기

- une **botte** d'asperges   아스파라거스 한 **단**
- un **sac** de pommes de terre   감자 한 **자루**
- une **bouteille** d'eau   물 한 **병**

6 전부인지 묻고 답하기

- C'est **tout** ?   이것이 **전부**입니까?
- C'est **tout**.   이것이 **전부**입니다.

 • Remarques

❶ en은 중성 대명사로 여기에서는 '그것'이라고 해석하면 됩니다.

❷ 수량 단위 뒤의 de는 모음이나 무음 h 앞에서 d'로 축약됩니다.

❸ 전치사 de 다음에 수량명사가 올 때, 셀 수 있는 명사는 복수 형태, 셀 수 없는 명사는 단수 형태로 씁니다.

문법 다지GO!

● Retenez

① 수량 표현 활용

'수량 단위+de+무관사 명사' 문형을 익혀 봅시다.

> **주의** 셀 수 있는 명사는 복수 형태로, 셀 수 없는 명사는 단수 형태로 씁니다. 수량 표현 활용 시 셀 수 없는 명사란 액체나 가루 또는 잼과 같은 물질 명사를 가리킵니다.

// un **kilo de** pommes 사과 1킬로

deux **kilos de** tomates 토마토 2킬로

cinq cents **grammes de** sucre 설탕 500그램

// un **litre de** lait 우유 1리터

une **bouteille de** vin 와인 한 **병**

une **bouteille de** champagne 샴페인 한 **병**

deux **bouteilles d'**eau 물 두 **병**

// une **botte d'**asperges 아스파라거스 한 **단**

un **sac de** pommes de terre 감자 한 **자루**

② 수량 표현과 대명사 en

명사의 수량을 표현할 때, 대명사 en으로 명사를 대신 나타낼 수 있습니다. 긍정형은 'en+동사+수량 표현', 부정형은 'n'en+동사+pas'입니다. 이때 pas 뒤에는 수량을 쓰지 않습니다.

// **Avez-vous une voiture ?** 당신은 차가 있습니까?

> **긍정** Oui, j'**en** ai une. (= J'ai une voiture.) 네, 저는 **그것이(자동차)** 한 대 있습니다.
> **부정** Non, je n'**en** ai pas. (= Je n'ai pas de voiture.) 아니요, 저는 **그것이(자동차)** 없습니다.
> **주의** 수량이 하나일 땐 그 대상의 성에 맞게 un 또는 une를 씁니다.

// **Combien d'enfants avez-vous ?** 당신은 몇 명의 아이가 있습니까?

- J'**en** ai deux. (= J'ai deux enfants.) 저는 **그것이(아이)** 두 명이 있습니다.

// **Est-ce que vous prenez de l'eau ?** 물을 사실 겁니까?

- Oui, j'**en** prends une bouteille. 네, 저는 **그것을(물)** 한 병 살 겁니다.
- Non, je n'**en** prends pas. 아니요, 저는 **그것을(물)** 사지 않을 겁니다.

3 **ne 동사 원형 plus: 더 이상 ~하지 않다**

ne~pas 부정문에서 pas 자리에 plus를 쓰면 '더 이상 ~하지 않다'라는 의미가 됩니다. ne 다음에 모음 또는 무음 h로 시작하는 단어가 오면 n'로 축약됩니다.

// J'ai faim. 나는 배가 고픕니다.

→ Je n'ai **plus** faim. 나는 **더 이상** 배가 고프지 **않습니다.**

// Il fume beaucoup. 그는 담배를 많이 피웁니다.

→ Il **ne** fume **plus.** 그는 **더 이상** 담배를 피우지 **않습니다.**

// Il y a des pommes. 사과가 있습니다.

→ Il n'y a **plus de** pommes. **더 이상** 사과가 **없습니다.**

> **Tip** ne~pas와 마찬가지로 ne~plus 부정문에서도 동사 다음에 오는 직접 목적어의 관사가 부정관사나 부분관사일 경우 부정의 de로 변합니다.

4 **대명사 tout**

대명사 tout는 '모든 것'이라는 의미입니다. 주어, 보어, 목적어 역할을 할 수 있고 주어 자리에 오면 동사는 3인칭 단수로 변화합니다. 만약 형용사가 대명사 tout를 수식한다면, 형용사는 남성 단수 형태로 씁니다.

// **Tout** est cher. **모든 것**이 비싸다.

C'est **tout.** 그게 **다**야.

J'écoute **tout.** 나는 **모든 것**을 경청한다.

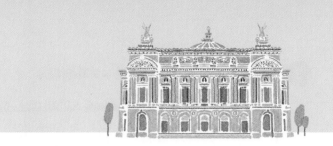

1 다음을 잘 듣고 써 보세요. 🎧 Track 11-03

// **1**

_____

// **2**

_____

// **3**

_____

// **4**

_____

// **5**

_____

2 다음 질문에 알맞은 말을 넣어 대답하세요.

// **1** Qu'est-ce que vous prenez ? 무엇을 드릴까요?

Je voudrais _____ (당근 1킬로 주세요.)

* 당근은 carotte입니다.

// **2** Combien de tomates voulez-vous ? (토마토는 얼마나 드릴까요?)

_____ (그것 두 팩 주세요.)

* prendre 동사를 이용해 답하세요.

// **3** Autre chose ? (더 필요한 것 있으세요?)

_____ (이게 다입니다.)

3 다음 우리말과 일치하지 <u>않는</u> 문장을 고르세요.

① 비쌉니다. → C'est bon marché.

② 비싸지 않습니다. → Ce n'est pas cher.

③ 얼마예요? → C'est combien ?

④ 더 필요한 것 있으세요? → Avec ceci ?

4 우리말에 맞게 수량과 단위를 써 보세요.

∥1 아스파라거스 한 단: _____ asperges

∥2 사과 1킬로: _____ pommes

∥3 방울 토마토 두 팩: _____ tomates cerises

---

❶ ① un kilo de pommes ② quatre kiwis ③ une salade ④ une botte d'asperges ⑤ un sac de pommes de terre

❷ ① un kilo de carottes, s'il vous plaît. / ② J'en prends deux barquettes. / ③ C'est tout.

❸ ① bon marché → cher

❹ ① une botte d' ② un kilo de ③ deux barquettes de

어휘 늘리GO!

 과일과 채소

	une pomme	사과		un avocat	아보카도
	une orange	오렌지		une tomate	토마토
	une poire	배		une carotte	당근
	un kiwi	키위		une salade	샐러드
	un ananas	파인애플		des épinards	시금치
	une banane	바나나		une courgette	호박
	un pamplemousse	자몽		un concombre	오이
	un melon	멜론		un oignon	양파
	une fraise	딸기		un poireau	파
	une pêche	복숭아		une pomme de terre	감자
	une cerise	체리		un champignon	버섯

프랑스 혁명 기념일

'a fête nationale française 프랑스 혁명 기념일'은 매년 7월 14일로, 프랑스에서 매우 중요한 국경일입니다. 1789년 7월 14일 프랑스 혁명의 발달이 된 바스티유 감옥 습격을 기념하여 1790년에 건국 기념일 행사를 연 이후로, 해마다 이날이면 역사를 되새기며 프랑스 혁명 기념 축제를 열고 있습니다.

그렇다면 왜 프랑스인들은 혁명을 일으켰을까요? 원인은 불평등한 사회에 있었습니다. 당시 프랑스는 국왕, 제1 신분 (성직자), 제2 신분 (귀족) 그리고 제3 신분 (시민 계급, 농민, 노동자)로 계급이 나뉘어 있었습니다. 전 인구의 2%를 차지하는 제1 신분과 제2 신분은 호화스러운 생활을 누리면서 세금도 내지 않는데, 제3 신분은 무거운 세금을 부담해야 했을 뿐 아니라 정치에도 참여할 수 없었습니다. 게다가 많은 사람들이 굶주리고 있었고 이러한 불공정한 사회에 불만은 쌓여 갔습니다.

당시 국왕이었던 루이 16세는 사치스러운 생활과 전쟁으로 재정이 파산 직전에 이르자 귀족들에게도 세금을 부과했고 '삼부회'를 열었지만, 투표 방식 때문에 대립이 일어났습니다. 그러자 루이 16세는 평민 대표들이 투표하지 못하게 하였고, 평민 대표들은 '국민 의회'를 결성하여 왕의 권력을 상징하는 정치범 감옥인 바스티유를 습격하고 파리를 점령하였습니다. 이로써 새로운 사회로의 길이 열린 것입니다.

이날이 되면 먼저 아침부터 혁명 기념일을 축하하는 전투기 에어쇼가 열리고, 군사 행진이 이어집니다. 현직 군인, 군사 학교 사관 후보생들이 제복을 갖춰 입고 장비를 갖추어 10시부터 파리 개선문에서 출발하여 샹젤리제 거리를 지나 콩코르드 광장까지 행진합니다.

가장 하이라이트는 바로 불꽃놀이입니다. 밤 11시가 되면 에펠 탑과 바로 앞에 있는 트로카데로 광장에서 불꽃놀이가 시작되고 30분 동안 음악과 함께 아름다운 불빛들이 밤하늘을 수놓습니다.

Quelle taille
faites-vous ?

Leçon

12

Quelle taille faites-vous ?

옷 사이즈가 어떻게 되세요?

\ 학습 목표

옷 가게에서 옷을 살 수 있다.

\ 공부할 내용

옷 종류 어휘

faire 동사

명령문

직접목적보어 대명사

\ 주요 표현

Je cherche une chemise à
carreaux, s'il vous plaît.
Quelle taille faites-vous ?
Je paye par carte.

 Parlez

말문트GO!

🎧 Track 12-01

💬 **Dialogue 1**

니꼴라는 주말에 입을 새 옷을 사려고 합니다.

Nicolas J'ai besoin d'une nouvelle chemise pour ce week-end.

Mina Regarde cette chemise dans la vitrine ! Elle est très chic.

Vendeuse Bonjour. Je peux vous aider ?

Nicolas Bonjour. Je cherche une chemise à carreaux, s'il vous plaît.

니꼴라	나는 이번 주말에 입을 새 셔츠 한 벌이 필요해.
미나	쇼윈도 안에 있는 저 셔츠 좀 봐! 세련됐다.
점원	안녕하세요. 도와드릴까요?
니꼴라	안녕하세요. 체크무늬 셔츠를 찾고 있어요.

VOCA **besoin** m. 필요 **avoir besoin de~** ~이(가) 필요하다 **nouvelle** 새로운 (여성형. 남성형은 nouveau) **chemise** f. 셔츠, 와이셔츠 **faire** ~하다 (3군 불규칙 동사) **faire du shopping** 쇼핑을 하다 **regarde** 동사 'regarder 보다'의 2인칭 단수 명령형 **vitrine** f. 진열창, 쇼윈도 **chic** 멋진, 세련된 **aider** 돕다 **carreau** m. 체크무늬

 ● **포인트 잡GO!**

❶ 'Je peux vous aider ?'에서 vous는 '당신을'이란 뜻으로 동사 앞에 쓰며 이를 '직접목적보어 대명사'라고 합니다.

❷ '~무늬의'라고 말할 땐 무늬명 앞에 전치사 à를 씁니다.
   ⓔ chemise **à** carreaux 체크무늬 셔츠 / chemise **à** rayures 줄무늬 셔츠 / chemise **à** pois 물방울무늬 셔츠

핵심 배우GO!

Clé

1 보라고 말하기

- **Regarde** !   봐!

- **Regarde** cette chemise !   저 셔츠를 봐!

- **Regardez** !   보세요!

2 도움을 주겠다고 말하기

- Je peux vous aider ?   도와드릴까요?
  (= Est-ce que je peux vous aider ?)   (= 제가 당신을 도와드릴 수 있을까요?)

- Je peux t'aider ?   도와줄까?
                                          (= 내가 너를 도울 수 있을까?)

3 원하는 옷 말하기

- Je cherche **une chemise**, s'il vous plaît.   셔츠를 찾고 있습니다.

- Je cherche **un chemisier blanc**, s'il vous plaît. 흰색 블라우스를 찾고 있습니다.

- Je voudrais **une robe noire**.   검정색 원피스를 원해요.

 • **Remarques**

❶ 상점에 가면 점원이 보통 'Je peux vous aider ?'라고 묻는데, 원하는 품목을 동사 'chercher 찾다', 'vouloir 원하다'에 이어서 말하면 됩니다.

❷ 구경만 하고 싶을 땐 'Non, merci. Je regarde. 괜찮아요. 그냥 둘러보겠습니다.'라고 말해 보세요.

🎧 Track 12-02

💬 **Dialogue 2**

니꼴라에게 파란 체크무늬 셔츠가 잘 어울리나요?

Vendeuse	Quelle taille faites-vous ?
Nicolas	Je fais du 40.
Vendeuse	Voilà, les cabines sont au fond à droite.
	[5 minutes plus tard]
Mina	Oh, elle est belle ! J'aime bien cette couleur.
Nicolas	Je la prends alors. Elle coûte combien ?
Vendeuse	35 euros, monsieur.
Nicolas	Je paye par carte.
Vendeuse	Veuillez taper votre code secret, s'il vous plaît. Voici votre carte et le ticket de caisse.

점원	사이즈가 어떻게 되세요?
니꼴라	저는 40 사이즈입니다.
점원	여기 있습니다, 피팅룸은 안쪽 오른편에 있습니다.
	[5분 후]
미나	오, 멋지다! 나는 그 색깔이 좋아.
니꼴라	그럼 이걸로 해야겠다. 얼마예요?
점원	35유로입니다.
니꼴라	카드로 결제할게요.
점원	비밀번호를 눌러 주세요. 자 여기 카드와 영수증이요.

VOCA **taille** f. 사이즈, 치수 **faites** faire 동사의 2인칭 복수 현재형 **fais** faire 동사의 1인칭 단수 현재형 **cabine** f. 탈의실, 피팅룸 **fond** m. 안쪽, 깊숙한 곳 **droite** 오른쪽 **veuillez** 동사 'vouloir 원하다'의 2인칭 복수 명령형 **taper** 치다, 두드리다 **code secret** m. 암호, 비밀번호 **ticket de caisse** m. 영수증

 • **포인트 잡GO!**

❶ 프랑스에서 신용 카드로 계산을 할 땐 카드 단말기에 카드를 넣고 비밀번호 네 자리를 눌러야 합니다.

❷ veuillez는 동사 'vouloir 원하다'의 2인칭 복수 명령형입니다. 여기에서는 '~해 주십시오'라는 공손한 격식체로 쓰였습니다.

핵심
Clé 배우GO!

4 옷 사이즈 묻기

- Quelle **taille** faites-vous ?   옷 사이즈가 어떻게 되세요?
- Quelle **taille** fais-tu ?   옷 사이즈가 어떻게 되니?

5 사이즈 말하기

- Je fais **du 40**.   40 사이즈입니다.
- Je fais **du 38**.   38 사이즈입니다.

6 결제 방법 말하기

- Je paye **par carte**.   카드로 결제할게요.
- Je paye **en espèces**.   현금으로 결제할게요.
- Je paye **en une seule fois**.   일시불로 결제할게요.
- Je paye **à crédit**.   할부로 결제할게요.

 • Remarques

❶ 신발 사이즈는 pointure라고 합니다.
　예 Quelle **pointure** faites-vous ? 신발 사이즈가 어떻게 되세요?
　　Quelle **pointure** fais-tu ? 신발 사이즈가 어떻게 되니?
❷ 자신의 사이즈를 말할 때에는 faire 동사를 써서 'Je fais du+사이즈'라고 합니다.

Leçon 12 **163**

문법 다지GO!

1 faire 동사 활용

3군 동사 faire의 변화형을 아래의 표와 예문으로 익혀 봅시다.

faire 하다, 만들다		
je	fais	Je fais la cuisine. 나는 요리를 합니다.
tu	fais	Tu fais la vaisselle. 너는 설거지를 한다.
il/elle/on	fait	Il fait les courses. 그는 장 보기를 합니다.
nous	faisons	Nous faisons du sport. 우리는 운동을 합니다.
vous	faites	Vous faites du yoga. 당신은 요가를 합니다.
ils/elles	font	Ils font de la natation. 그들은 수영을 합니다.

// faire 동사가 'de+정관사+운동 종목'을 이끌면 '~ 운동을 하다'가 됩니다. 이때 de가 정관사 le / les와 결합하면 축약형이 됩니다.

de le → du / de les → des

> **Tip** 프랑스어에서 ai의 발음은 [에]에 가까우나, 예외적으로 faisons에서는 [으]에 가깝게 발음합니다.

2 명령문

// 명령문은 직설법 현재의 평서문에서 주어를 생략합니다.

Tu finis ton travail. → **Finis** ton travail ! 너의 일을 **끝내**!

Vous faites la cuisine. → **Faites** la cuisine ! 요리를 **하세요**!

> **Tip** tu에 대한 명령문에서 직설법 현재형 동사의 어미가 -es, -as로 끝나면 s를 생략합니다.

긍정 명령문

Tu parles à Sylvie. → **Parle** à Sylvie ! Sylvie에게 **말해**!

Tu regardes cette fille. → **Regarde** cette fille ! 이 소녀를 **봐**!

Vous regardez cette fille. → **Regardez** cette fille ! 이 소녀를 **보세요**!

Tu vas à l'école. → **Va** à l'école ! 학교에 **가**!

Vous allez au cinéma. → **Allez** au cinéma ! 영화관에 **가세요**!

> **Tip** 동사 'parler 말하다' 다음에 '전치사+à+사람'을 쓰면 '~에게 말하다'라는 뜻입니다.

부정 명령문

Tu ne parles pas à Sylvie. → **Ne parle pas** à Sylvie ! Sylvie에게 말하지 마!

Tu ne regardes pas cette fille. → **Ne regarde pas** cette fille ! 이 소녀를 보지 마!

Vous ne regardez pas cette fille. → **Ne regardez pas** cette fille ! 이 소녀를 보지 마세요!

Tu ne vas pas à l'école. → **Ne va pas** à l'école ! 학교에 가지 마!

Vous n'allez pas au cinéma. → **N'allez pas** au cinéma ! 영화관에 가지 마세요!

// 명령형으로 쓰일 때 불규칙 형태를 갖는 동사들을 예문과 함께 기억하세요. 변화형 순서는 '2인칭 단수 / 1인칭 복수 / 2인칭 복수 (의미는 2인칭 단수 존칭형 '당신' 또는 2인칭 복수 '너희들, 당신들')'입니다.

❶ être 동사: Sois / Soyons / Soyez

     Soyez sages, les enfants ! 얘들아, 얌전히 **있어라!**

❷ avoir 동사: Aie / Ayons / Ayez

     N'ayez pas peur ! 두려워하지 **마세요!**

❸ savoir 동사: Sache / Sachons / Sachez

     Sache refuser ! 거절할 줄 **알아라!**

❹ vouloir 동사: Veuille / Veuillons / Veuillez

     Veuillez patienter, s'il vous plaît. 기다려 **주십시오.**

> **Tip** vouloir 동사의 명령형은 공문서나 격식을 갖출 때 사용되므로 2인칭 복수 형태로 많이 사용됩니다. '~해 주십시오'라는 공손한 격식체입니다.

❸ 직접목적보어 대명사

직접목적보어 대명사는 '~을(를)'로 해석될 수 있는 직접목적어를 대명사로 받는 용법을 말합니다. 같은 단어를 반복하지 않고 대명사로 써서 좀더 간략하고 효율적인 프랑스어를 구사할 수 있습니다. 현재형 문장에서 직접목적보어 대명사는 본동사 앞에 위치합니다. 단, 동사가 2개인 경우(조동사+본동사), 대명사는 두 동사 사이에 위치합니다.

me (m')	나를	nous	우리를
te (t')	너를	vous	당신을 / 당신들을
le (l')	그를 / 그것을	les	그들을 / 그녀들을 / 그것들을
la (l')	그녀를 / 그것을		

// me, te, le, la는 모음이나 무음 h로 시작하는 동사 앞에서 m', t', l' 로 축약합니다.

Je t'aime. **나는 너를** 사랑해.

> **Tip** peux (pouvoir 할 수 있다)는 조동사이고 aider가 본동사이므로, 보어대명사 vous가 aider 앞에 위치합니다.

> **예** Je peux vous aider ? 제가 당신을 도울 수 있을까요?

// Est-ce que vous prenez la chemise ? 당신은 그 셔츠를 사시겠습니까?

> **긍정** Oui, je **la** prends. 네, 저는 **그것을** 사겠습니다.

> **부정** Non, je ne **la** prends pas. 아니요, 저는 **그것을** 사지 않겠습니다.

실력
높이 GO!

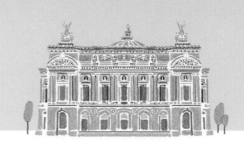

1 다음 문장들을 잘 듣고 써 보세요.　　　　　　　　　　🎧 Track 12-03

　　 ✍ **1**

　　_____

　　 ✍ **2**

　　_____

　　 ✍ **3**

　　_____

　　 ✍ **4**

　　_____

　　 ✍ **5**

　　_____

2 다음 질문에 알맞은 말을 넣어 대답하세요.

　　 ✍ **1**　J'ai _____ d'une nouvelle chemise.
　　　　　　나는 새 와이셔츠 한 벌이 필요해.

　　 ✍ **2**　Je peux vous _____ ?
　　　　　　도와드릴까요?

　　 ✍ **3**　Quelle taille _____ -vous ?
　　　　　　옷 사이즈가 어떻게 되세요?

3 다음 우리말과 일치하지 <u>않는</u> 문장을 고르세요.

① 나는 그것을 봅니다. → Je la regarde.

② 당신은 38 사이즈입니다. → Vous faites du 38.

③ 내가 너를 도와줄까? → Je peux t'aider ?

④ 두려워하지 마세요. → N'avez pas peur.

4 다음 우리말을 보고 프랑스어로 작문해 보세요.

∥**1** 저 셔츠를 봐!

_____

∥**2** 학교에 가!

_____

∥**3** 당신의 일을 끝내세요!

_____

∥**4** 커피를 마시지 마세요!

_____

* prendre 동사를 이용해 답하세요.

∥**5** 요리하지 마세요!

_____

❶ ① Je cherche une chemise. / ② Quelle taille faites-vous ? / ③ Je le prends. / ④ Regarde ! / ⑤ Je fais du sport.

❷ ① besoin ② aider ③ faites

❸ ④ avez → ayez

❹ ① Regarde cette chemise ! / ② Va à l'école ! / ③ Finissez votre travail ! / ④ Ne prenez pas de café ! /
　⑤ Ne faites pas la cuisine !

Mots

어휘 늘리GO!

 쇼핑

옷가게에서		신발과 액세서리
un T-shirt 티셔츠	une robe 원피스, 드레스	des chaussures 구두, 신발
une chemise 와이셔츠, 셔츠	un jean 청바지	des sandales 샌들
un chemisier 블라우스	un short 반바지	des chaussures de sport 운동화
un pull 스웨터	un blouson 점퍼	des bottes 부츠
une veste 재킷	un manteau 외투, 코트	une ceinture 벨트
un cardigan 카디건	un anorak 파카	un chapeau 모자
un gilet 조끼	un tailleur 여성 정장, 투피스	un foulard 스카프
une jupe 치마	un costume 남성 정장, 양복	un collier 목걸이
un pantalon 바지	un jogging 트레이닝복	une boucle d'oreille 귀고리
		une bague 반지

France

프랑스 만나GO!

 쇼핑에 유용한 사이즈 표

프랑스에서 옷이나 신발을 쇼핑하거나 온라인으로 구매할 때, 아래의 표를 참조하세요.

// **여성 의류**

	XS	S	M	L	XL
한국	44	55	66	77	88
유럽	32	34 / 36	38 / 40	42 / 44	46 / 48

// **남성 의류**

	S	M	L	XL
한국	90	95	100	105
유럽	34 / 36	38 / 40	42 / 44	46 / 48

// **신발**

한국 (㎝)	22.3	23	23.6	24.3	24	25.6	26.3	27	27.6	28.3	29
유럽	35	36	37	38	39	40	41	42	43	44	45

Veux-tu faire du vélo avec moi ?

13

Veux-tu faire du vélo avec moi ?

나랑 자전거 탈래?

⟍ 학습 목표
무엇을 하는 중인지 말할 수 있다.
앞으로 무엇을 하자고 제안할 수 있다.

⟍ 공부할 내용
lire 동사
connaître 동사
savoir 동사
vouloir 동사

⟍ 주요 표현
Allô ?
Je suis en train de lire.
Je ne sais pas.

Parlez

🎧 Track 13-01

 Dialogue 1

레아는 카뮈의 소설을 읽고 있습니다.

Hugo	Allô, bonjour Léa ! C'est Hugo.
Léa	Bonjour ! Ça va ?
Hugo	Tu es occupée ? Je te dérange ?
Léa	Non, je suis en train de lire.
Hugo	Qu'est-ce que tu lis ?
Léa	Je lis « L'étranger».
Hugo	Ah ! Je connais.
	C'est un roman de Camus.

위고	여보세요, 안녕 레아! 나 위고야.
레아	안녕! 잘 지내지?
위고	너 바빠? 내가 널 방해하고 있니?
레아	아니, 난 책을 읽고 있어.
위고	무엇을 읽어?
레아	난 "이방인"을 읽어.
위고	아! 난 알아.
	그것은 카뮈의 소설이지.

 VOCA   **allô** 여보세요   **occupée** 바쁜 (occupé의 여성 단수형)   **dérange** 동사 'déranger 방해하다'의 1인칭 단수 현재 변화형   **lire** 읽다 (3군 불규칙 동사)   **lis** 동사 'lire 읽다'의 1, 2인칭 단수 현재 변화형   **connais** 동사 'connaître 알다'의 1인칭 단수 현재 변화형   **roman** m. 소설

🎯 **● 포인트 잡GO!**

'être en train de+동사 원형'은 '~하고 있다', '~하는 중이다'의 뜻으로 현재 진행중임을 강조할 때 씁니다.

예 Je **suis en train de** lire. 나는 책을 읽고 **있다**.

Elle **est en train de** dormir. 그녀는 자**는 중이다**.

핵심 배우GO!

1 전화하기

• Allô ?	여보세요?
• Qui est à l'appareil ?	누구세요?
• Voulez-vous laisser un message ?	메시지를 남기시겠습니까?
• C'est de la part de qui ? (= De la part de qui ?)	누구시라고 전해 드릴까요?
• Un instant, s'il vous plaît.	잠시만요.
• Ne quittez pas.	끊지 마세요.
• Il est en ligne.	그는 통화 중입니다.

2 진행중인 동작 말하기

• Je **suis en train de** lire.	나는 책을 읽고 **있습니다.**
• Il **est en train de** travailler.	그는 일하고 **있습니다.**
• Elle **est en train de** téléphoner.	그녀는 전화하고 **있습니다.**

 • **Remarques**

qui는 '누구, 누가'라는 뜻의 대명사입니다.

Parlez

말문트GO!

🎧 Track 13-02

💬 Dialogue 2

위고와 레아는 오후에 무엇을 할까요?

Hugo	Mais qu'est-ce que tu fais cet après-midi ?	위고	근데 너 오늘 오후에는 뭐 해?
Léa	Je ne sais pas...	레아	모르겠어...
Hugo	Est-ce que tu sais faire du vélo ?	위고	너 자전거 탈 줄 알아?
Léa	Bien sûr !	레아	물론이야!
Hugo	Veux-tu faire du vélo avec moi ?	위고	나랑 자전거 탈래?
Léa	Oui, pourquoi pas ? Il fait beau pour faire du vélo.	레아	그래, 왜 안 되겠어? 자전거 타기 좋은 날씨다.
Hugo	Super ! À tout à l'heure !	위고	정말 좋아! 이따 보자!

> **VOCA** **fais** 동사 'faire ~하다'의 1, 2인칭 단수 현재 변화형 **sais** 동사 'savoir 알다'의 1, 2인칭 단수 현재 변화형 **veux** 동사 'Vouloir 원하다'의 1, 2인칭 단수 현재 변화형 **super** 멋진, 훌륭한 ('좋다'라는 긍정의 대답으로 쓰임)

• 포인트 잡GO!

❶ '(사실을) 모르다'라고 표현할 때 'savoir 알다'를 부정문으로 씁니다.

❷ 'pourquoi pas ?'는 직역하면 '왜 안 되겠어?'로, 상대의 제안에 동의하며 수락하는 표현 중 하나입니다.

❸ 'Veux-tu+동사 원형 ?'은 '~할래?'의 뜻으로, 제안할 때 쓰는 표현입니다.

핵심 배우GO!

Clé

3 할 줄 아는지 묻기

- Tu **sais** faire du vélo ? 너 자전거 탈 **줄 알아?**
- Tu **sais** conduire ? 너 운전할 **줄 알아?**
- Elle **sait** cuisiner ? 그녀는 요리할 **줄 알아?**
- Vous **savez** faire du ski ? 당신은 스키 탈 **줄 아세요?**

4 어떤 운동을 하는지 말하기

- Je **fais du vélo**. 나는 자전거를 탄다.
- Il **fait du jogging**. 그는 조깅을 한다.
- Elle **fait du yoga**. 그녀는 요가를 한다.
- Ils **font de la natation**. 그들은 수영을 한다.

5 제안 수락하기

- Oui, pourquoi pas ? 그래, 왜 안 되겠어?
- Super ! 정말 좋아!
- Je veux bien. 좋아.
  (= 그래.)

 • Remarques

❶ 'savoir 알다+동사 원형'은 '~할 줄 알다'라는 의미입니다.

❷ 'faire ~하다+부분 관사 de+정관사+운동명' 구조로 어떤 운동을 하는지 말할 수 있습니다.

1 현재 진행형

'être en train de+동사 원형' 현재 진행형 구조로 무엇을 하고 있는 중인지 말해 보세요.

/// Je suis **en train de regarder** la télévision. 나는 텔레비전을 보고 있는 중입니다.

Il est **en train de faire** la vaisselle. 그는 설거지를 하고 있는 중입니다.

Elles **sont en train de** lire. 그녀들은 책을 읽고 있는 중입니다.

2 lire 동사

'읽다, 독서하다'를 의미하는 lire 동사의 변화형을 아래의 표와 예문으로 연습해 보세요.

lire 읽다, 독서하다			
je	lis	nous	lisons
tu	lis	vous	lisez
il/elle/on	lit	ils/elles	lisent

Je **lis** un roman dans le métro. 나는 지하철 안에서 소설을 **읽습니다.**

Elle ne **lit** pas le livre. 그녀는 그 책을 읽지 않습니다.

Vous **lisez** un journal ? 당신은 신문을 **읽습니까?**

Ils aiment **lire**. 그들은 **책 읽는** 것을 좋아합니다.

3 connaître 동사

'connaître+명사'는 사람이나 장소, 정보를 안다는 의미입니다.

connaître 알다			
je	connais	nous	connaissons
tu	connais	vous	connaissez
il/elle/on	connaît	ils/elles	connaissent

Je **connais** Nicolas. 나는 니꼴라를 **알아**.

Est-ce que tu **connais** tes voisins ? 너는 너의 이웃들을 **아니**?

Elle **connaît** mon numéro de téléphone. 그녀는 나의 전화번호를 **알아**.

Elle **ne connaît pas** mon numéro de téléphone. 그녀는 나의 전화번호를 **몰라**.

4 savoir 동사

'savoir+동사 원형'은 방법이나 지식, 사실을 이해하고 습득하여 안다는 의미입니다.

savoir 알다			
je	sais	nous	savons
tu	sais	vous	savez
il/elle/on	sait	ils/elles	savent

Je **sais** faire du tennis. 나는 테니스를 칠 **줄 알아**.

Tu **sais** conduire ? 너는 운전할 **줄 알아**?

Je **ne sais pas** conduire. 나는 운전할 **줄 몰라**.

> **Tip** 동사가 2개 이상 이어질 경우 부정문은 첫 번째 동사 앞에는 ne, 뒤에는 pas를 쓰면 됩니다.

5 vouloir 동사

'vouloir+명사'는 '~을(를) 원하다', 'vouloir+동사 원형'은 '~하고 싶다'입니다. 아래의 표와 예문으로 연습해 보세요.

vouloir 원하다			
je	veux	nous	voulons
tu	veux	vous	voulez
il/elle/on	veut	ils/elles	veulent

Vous **voulez** un thé ? 차 한 잔 **원하십니까**?

Je **voudrais** un café. 커피 한 잔 **주세요**.

> **Tip** vouloir 동사의 조건법 현재 형태로 'Je voudrais ~' 표현은 일상에서 정중하게 요구하거나 부탁할 때 사용합니다.

Veux-tu faire du football avec nous ? 우리와 함께 축구**할래**?

> **Tip** 도치형 의문문을 만들 땐 주어와 첫 번째 동사만 도치합니다.

Ils **ne veulent pas** savoir. 그들은 알고 **싶어하지 않습니다**.

1 다음 문장들을 잘 듣고 써 보세요.   🎧 Track 13-03

//**1**
_____

//**2**
_____

//**3**
_____

//**4**
_____

//**5**
_____

2 다음 중 동사 변화 형태가 <u>틀린</u> 문장을 고르세요.

① Elle <u>lit</u> un journal. 그녀는 신문을 읽습니다.

② Qu'est-ce qu'ils <u>voulent</u> ? 그들은 무엇을 원합니까?

③ Vous <u>voulez</u> laisser un message ? 메시지를 남기시겠습니까?

④ Qu'est-ce que vous <u>lisez</u> ? 당신은 무엇을 읽습니까?

⑤ Ils <u>savent</u> faire du tennis. 그들은 테니스를 칠 줄 압니다.

3 다음 빈칸에 들어갈 적절한 단어를 쓰세요.

//1 Je suis _____ lire. 나는 읽고 있다.

//2 Elle fait _____ natation. 그녀는 수영을 한다.

//3 Vous voulez _____ un message ? 메시지를 남기시겠습니까?

//4 Est-ce que tu connais mon _____ de téléphone ? 너는 내 전화번호를 아니?

4 알맞은 동사를 괄호 안에서 선택하세요.

//1 Je (connais / sais) Renaud. 나는 Renaud를 알아.

//2 Vous (connaissez / savez) cuisiner ? 당신은 요리할 줄 아세요?

//3 Tu (connais / sais) parler français ? 너는 프랑스어를 말할 줄 아니?

//4 Nous (connaissons / savons) le musée du Louvre. 우리는 루브르 박물관을 압니다.

---

❶ ① Tu es occupé(e) ? / ② Je suis en train de lire. / ③ Je le connais. / ④ Tu sais faire du vélo ? /
⑤ Je ne sais pas.

❷ ② voulent → veulent

❸ ① en train de ② de la ③ laisser ④ numéro

❹ ① connais ② savez ③ sais ④ connaissons

어휘 늘리GO!

 휴대폰 사용하기

le portable	휴대 전화	l'application	애플리케이션
l'opérateur	통신사	l'opérateur de téléphonie mobile	이동 통신사
le numéro de téléphone	전화번호	l'appel en absence	부재중 전화
le message vocal	음성 메시지	le SMS / le texto	문자 메시지
la batterie	배터리	le chargeur	충전기
la carte SIM	심 카드, 유심 칩	le forfait	요금제
la vibration	진동	la sonnerie	벨소리

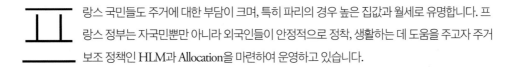

France **프랑스 만나GO!**

 프랑스의 주거 보조 정책

프랑스 국민들도 주거에 대한 부담이 크며, 특히 파리의 경우 높은 집값과 월세로 유명합니다. 프랑스 정부는 자국민뿐만 아니라 외국인들이 안정적으로 정착, 생활하는 데 도움을 주고자 주거 보조 정책인 HLM과 Allocation을 마련하여 운영하고 있습니다.

//1 HLM 공공 임대 주택

HLM (Habitation à Loyer Modéré)은 정부가 저소득층을 대상으로 하는 임대 주택 아파트입니다. 국가와 지자체에서 경비를 지원하고 사설 기관에서 운영을 맡습니다. 세입자의 소득 수준에 따라 아파트의 면적이 다양하며 단지가 조성된 모양이나 환경도 지역에 따라 다릅니다.

저렴한 집세로 이용할 수 있어 대기자가 많아, 신청 후 아파트를 배정받기까지 보통 3~5년 정도 걸립니다.

//2 Allocation 정부 보조금

Allocation은 가족 수당, 주택 보조금, 장애인 보조금, 실업 수당 등 여러 종류가 있습니다. 그중 외국인들이 이용할 수 있는 것은 주택 보조금으로, 6개월 미만 단기 체류자를 제외하면 신청할 수 있습니다. CAF (Caisse d'Allocations Familiales)에서 매달 지급되며 액수는 세입자의 지역, 집세, 집의 위치와 면적, 소득 수준 등을 고려하여 책정됩니다.

신청에 필요한 서류는 여권 사본, 비자 사본, 체류증 (Carte de Séjour), 거주 증명서, 기본 증명서 (출생 증명서) 한국어+프랑스어 번역본 (외교 통상부에서 발급하는 아포스티유 [Apostille] 부착) 사본, 프랑스 은행 RIB (계좌 정보)입니다. 서류를 모두 갖춘 후 경시청에서 체류증 절차를 밟고 CAF에 방문하여 주택 보조금을 신청하면 됩니다. 유념할 점은 프랑스의 행정 처리 속도가 매우 느리다는 것입니다. 따라서 주택 보조금을 신청하더라도 바로 받을 수는 없습니다. 학생의 경우 체류증 만료 3개월 전 미리 갱신하여 보조금을 받는 데 지장이 없도록 준비해야 합니다.

On sort
ce soir ?

Leçon
14

On sort ce soir ?
우리 오늘 저녁에 외출할까?

❭ **학습 목표**
의무, 바람, 허락의 표현을 할 수 있다.
여가 활동에 대해 말할 수 있다.

❭ **공부할 내용**
주요 3군 동사 활용

❭ **주요 표현**
Tu peux faire demain.
Je voudrais voir le nouveau film.
Je dois faire le ménage aussi.

🎧 Track 14-01

 Dialogue 1

레아와 미나는 금요일 저녁에 영화를 보기로 했어요.

Mina	Enfin, c'est vendredi ! On sort ce soir ?	미나	드디어, 금요일이다! 우리 오늘 저녁에 외출할까?
Léa	Non, je ne peux pas parce que je dois finir mes devoirs.	레아	아니, 나는 그럴 수가 없어 왜냐하면 과제를 끝내야 하거든.
Mina	Tu peux les faire demain. Moi, je vais au cinéma avec mes amis. Tu ne veux pas venir avec nous ?	미나	너는 내일 그것들을 해도 되잖아. 나, 나는 친구들이랑 영화관에 갈 거야. 너 우리와 함께 가지 않을래?
Léa	D'accord, je voudrais voir le nouveau film de Coppola. Qu'est-ce qu'on fait après le cinéma ?	레아	그래, 나는 코폴라의 신작 영화를 보고 싶어. 우리 영화 본 다음에는 뭐 할 거야?
Mina	On va dans un bar pour prendre un verre.	미나	우리는 한잔하러 바에 갈 거야.
Léa	D'accord, mais à quelle heure est la séance ?	레아	좋아, 근데 영화는 몇 시에 상영해?
Mina	C'est à 18 h 20. Alors on t'attend devant le cinéma !	미나	18시 20분 영화야. 그럼 우리가 영화관 앞에서 너를 기다릴게!

VOCA **enfin** 마침내, 드디어 **sort** 동사 'sortir 나가다'의 3인칭 단수 현재 변화형 **peux** 동사 'pouvoir ~할 수 있다' 의 1, 2인칭 단수 현재 변화형 **dois** 동사 'devoir ~해야 한다'의 1, 2인칭 단수 현재 변화형 **devoirs** m. pl. 과 제 **venir** 오다 (3군 불규칙 동사) **voudrais** 동사 'vouloir 원하다'의 1, 2인칭 단수 조건법 현재 변화형 **voir** 보다 (3군 불규칙 동사) **après** ~후에 **bar** m. 바, 술집 **pour** ~위해 **verre** m. 잔 **séance** f. 상영 시간 **d'accord** 그래, 좋아

 • 포인트 잡GO!

❶ 'Je voudrais+동사 원형'은 '나는 ~하고 싶다'를 완곡하게 말하는 표현입니다.

❷ 'pour+동사 원형'은 '~하기 위해'라는 의미입니다.

❸ 'prendre un verre'는 '한잔하다'라는 뜻으로, 'un verre 한잔'은 술을 뜻합니다. '우리 한잔할까요?'라고 제안할 때 'On prend un verre ?'라고 말합니다.

핵심 배우GO!

1 의무 말하기

- Je **dois** finir mes devoirs.
  나는 과제를 끝내**야 해**.
- Nous **devons** aller à l'école.
  우리는 학교에 가**야 합니다**.
- Vous **devez** lire ce roman.
  당신은 그 소설을 읽어**야 합니다**.

2 바람 말하기

- Je **veux** voir le film.
  나는 그 영화를 보고 **싶다**.
- Elle **veut** rentrer à la maison.
  그녀는 집에 돌아가**기를 원합니다**.
- Ils **veulent** rester à la maison.
  그들은 집에 있**기를 원합니다**.

3 허락 구하기

- Je **peux** entrer ?
  들어가도 **될까요?**
- Je **peux** essayer ce pantalon ?
  이 바지를 입어 봐도 **될까요?**
- Je **peux** fumer ?
  담배를 피워도 **될까요?**

 • Remarques

devoir, vouloir, pouvoir 동사는 모두 준조동사로 각각 의무, 바람, 가능을 나타냅니다. 뒤에 동사 원형을 바로 쓸 수 있습니다.

말문 트 **GO!**

Parlez

🎧 Track 14-02

💬 **Dialogue 2**

여러분은 주말이나 여가 시간이면 무엇을 하나요?

Hugo	En général, qu'est-ce que vous faites le week-end ?
Mina	J'aime sortir et rencontrer des amis. Nous allons au restaurant et au cinéma.
Nicolas	Moi, je préfère rester à la maison et regarder des films à la télé. Parfois je joue de la guitare. Je dois faire le ménage aussi.
Léa	Je vais dans un café. Je prends un café et je lis.
Hugo	Je vais souvent voir un match de football le week-end. J'aime aussi faire un pique-nique.

위고   보통 너희들은 주말에 무엇을 하니?

미나   나는 나가서 친구들을 만나는 것을 좋아해.
우리는 식당이랑 영화관에 가.

니꼴라   나, 나는 집에 있는 게 더 좋아
그리고 텔레비전으로 영화 보는 것을 선호해.
가끔은 기타를 연주해. 집안 청소도 해야 해.

레아   나는 카페에 가. 커피 한 잔을 마시고 독서를 해.

위고   나는 주말에 축구 경기를 자주 보러 가.
피크닉을 하는 것도 좋아해.

VOCA   **en général** 보통, 대개, 일반적으로   **rencontrer** 만나다 (1군 규칙 동사)   **à la télé** 텔레비전으로 (à la télévision의 축약형)   **parfois** 가끔   **joue** 동사 'jouer 연주하다'의 1인칭 현재 변화형   **guitare** f. 기타   **ménage** m. 집안 청소   **souvent** 자주   **match** m. 경기, 시합   **match de football** m. 축구 경기   **pique-nique** m. 피크닉

● 포인트 잡GO!

match 뒤에 de+무관사 운동명을 쓰면 '~경기'가 됩니다.
예 match de baseball 야구 경기 / match de tennis 테니스 경기

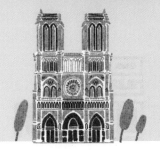

Clé 핵심 배우GO!

4 여가 활동 말하기

- Je **vais souvent** au cinéma.

  나는 영화관에 **자주** 가.

- Tu **fais souvent** du vélo ?

  너는 자전거를 **자주** 타니?

- Il **aime écouter** de la musique.

  그는 음악을 듣는 것을 **좋아합니다**.

- Elle **préfère sortir** et **rencontrer** des amis.

  그녀는 **나가서** 친구들을 **만나는 것을 선호합니다**.

- Vous **aimez faire** un pique-nique ?

  당신은 피크닉을 **하는 것을 좋아합니까?**

5 악기 연주 말하기

- Je **joue** de la guitare.

  나는 기타를 **연주합니다**.

- Tu **joues** du violon ?

  너는 바이올린을 **연주하니?**

- Il **joue** du piano.

  그는 피아노를 **연주합니다**.

- Elle **joue** de la flûte.

  그녀는 플루트를 **연주합니다**.

- Ils **jouent** de l'accordéon.

  그들은 아코디언을 **연주합니다**.

 • Remarques

❶ '음악을 듣다'는 'écouter de la musique'라고 합니다. 음악은 추상적 개념의 명사이므로 부분관사 'de la'를 씁니다.

❷ jouer 동사 뒤에 de와 함께 악기명을 쓰면 '~을(를) 연주하다'의 의미가 됩니다. 이때 de와 정관사의 축약에 주의하세요.

　⑩ jouer **du** piano 피아노를 치다 / jouer **du** violon 바이올린을 연주하다

문법 다지GO!

Retenez

1 sortir 동사

'나가다, 외출하다'를 의미하는 sortir 동사의 변화형을 아래의 표와 예문으로 연습해 보세요.

sortir 나가다, 외출하다			
je	sors	nous	sortons
tu	sors	vous	sortez
il/elle/on	sort	ils/elles	sortent

On **sort** ce soir ? 우리 오늘 저녁에 **외출할까?**

Je **ne sors pas** demain. 나는 내일 **외출하지 않습니다.**

Elle **sort** beaucoup avec ses amis. 그녀는 친구들과 많이 **외출합니다.**

2 pouvoir 동사

가능을 나타내는 준조동사 'pouvoir+동사 원형' 문형으로 '~할 수 있다', '~해도 된다' 문장을 말해 보세요.

pouvoir 할 수 있다			
je	peux	nous	pouvons
tu	peux	vous	pouvez
il/elle/on	peut	ils/elles	peuvent

Je **peux** entrer ? 저 들어가도 **될까요?**

Tu **peux** passer chez moi demain matin ? 너는 내일 아침에 나의 집에 들를 **수 있니?**

On **ne peut pas** fumer ici. 여기에서 담배를 피울 **수 없습니다.**

3 **devoir 동사**

의무를 나타내는 준조동사 'devoir+동사 원형' 문형으로 '~해야 한다' 구조를 익혀 보세요.

devoir ~해야 한다			
je	dois	nous	devons
tu	dois	vous	devez
il/elle/on	doit	ils/elles	doivent

Je **dois** finir le travail. 나는 그 일을 끝내**야 합니다**.

Tu **dois** faire la cuisine. 너는 요리를 해**야 한다**.

Elles **doivent** aller à l'école demain. 그녀들은 내일 학교에 가**야 합니다**.

4 **venir 동사**

'오다'를 의미하는 venir 동사의 변화형을 아래의 표와 예문으로 연습해 보세요.

venir 오다			
je	viens	nous	venons
tu	viens	vous	venez
il/elle/on	vient	ils/elles	viennent

// Je **viens** à l'école en bus. 나는 버스를 타고 학교에 **옵니다**.

Elle **vient** en métro. 그녀는 전철을 타고 **옵니다**.

Ils **viennent** ce soir ? 그들은 오늘 저녁에 **옵니까**?

> **Tip** venir는 상대방에게 같이 '가자'고 제안할 때에도 사용할 수 있습니다.
> Tu **viens** avec moi ? 나와 같이 **갈**래?

5 **attendre 동사**

'기다리다'를 의미하는 attendre 동사의 변화형을 아래의 표와 예문으로 연습해 보세요.

attendre 기다리다			
j'	attends	nous	attendons
tu	attends	vous	attendez
il/elle/on	attend	ils/elles	attendent

// Je t'**attends** devant l'école. 내가 학교 앞에서 너를 **기다릴게**.

Vous **attendez** votre fille ? 당신은 당신의 딸을 **기다리**고 있습니까?

Ils **attendent** le train. 그들은 기차를 **기다리**고 있습니다.

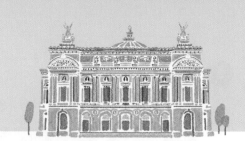

1 다음 문장들을 잘 듣고 써 보세요. 🎧 Track 14-03

⫽**1**
_____

⫽**2**
_____

⫽**3**
_____

⫽**4**
_____

⫽**5**
_____

2 다음 빈칸에 알맞은 동사를 넣어 문장을 완성하세요.

⫽**1** Vous _____ ce soir ?
당신은 오늘 저녁에 외출하세요?

⫽**2** Tu ne _____ pas venir avec nous ?
너는 우리와 함께 가지 않을래?

⫽**3** Nous _____ faire le ménage.
우리는 집안 청소를 해야 합니다.

⫽**4** Je t' _____ .
내가 너를 기다릴게.

3 다음에 들어갈 적절한 단어를 쓰세요.

//**1** _____, c'est vendredi ! 드디어, 금요일이다!

//**2** Je dois finir mes _____. 나는 나의 과제를 끝내야만 합니다.

//**3** On prend _____ ? 우리 한잔할까?

//**4** Je vais _____ voir un match de football. 나는 축구 경기를 자주 보러 갑니다.

4 다음 중 <u>틀린</u> 문장을 고르세요.

① 그들은 아코디언을 연주합니다.　→　Ils jouent du accordéon.

② 그녀는 기타를 연주합니다.　→　Elle joue de la guitare.

③ 나는 피아노를 연주합니다.　→　Je joue du piano.

④ 당신은 플루트를 연주합니다.　→　Vous jouez de la flûte.

---

❶ ① On sort ce soir ? / ② Je dois finir mes devoirs. / ③ Je vais au cinéma avec des amis. /
　④ Je joue de la guitare. / ⑤ J'aime faire un pique-nique.

❷ ① sortez ② veux ③ devons ④ attends

❸ ① Enfin ② devoirs ③ un verre ④ souvent

❹ ① du → de l'

Mots

어휘
늘리GO!

⭐ 운동 종목

	le football	축구		l'escrime	펜싱
	le tennis	테니스		l'athlétisme	육상
	le baseball	야구		le ski	스키
	le basket	농구		le patinage artistique	피겨 스케이팅
	le ping-pong	탁구		la natation	수영
	le volley-ball	배구		la gymnastique	체조
	le golf	골프		la boxe	복싱, 권투

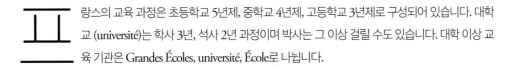

 France **프랑스 만나GO!**

프랑스의 학제

프랑스의 교육 과정은 초등학교 5년제, 중학교 4년제, 고등학교 3년제로 구성되어 있습니다. 대학교 (université)는 학사 3년, 석사 2년 과정이며 박사는 그 이상 걸릴 수도 있습니다. 대학 이상 교육 기관은 Grandes Écoles, université, École로 나뉩니다.

// Grandes Écoles 그랑제꼴

그랑제꼴은 인문, 자연, 정치 행정, 상경, 공학 등 각 분야에서 최고 수준의 교육을 제공하여 엘리트를 양성하는 고등 교육 기관입니다. 프랑스의 대학 입학 자격 시험인 'baccalauréat 바칼로레아'에서 전국 상위 4% 이내의 성적을 거둔 학생들은 그랑제꼴 준비반 CPGE (Classes Préparatoires aux Grandes Écoles) 과정에서 특수 교육을 받고 본인이 희망하는 그랑제꼴에 시험을 쳐서 선발됩니다. 그랑제꼴로는 ESSEC, Sciences Po, ENA, École Polytechnique 등이 있습니다. 학비는 각 그랑제꼴에 따라 차이는 있으나 보통 연간 수천 유로에 달합니다.

// université 국립 대학

국립 대학은 학사 3년, 석사 2년 그리고 박사 과정으로 구성되어 있습니다. 학비는 학기당 100~500유로로 정도로 저렴한 편에 속합니다. 파리의 경우 국립 대학은 제1대학에서 제13대학까지 있습니다.

// École 에꼴

에꼴은 일종의 단과 대학으로 국립 에꼴과 사립 에꼴이 있습니다. 국립의 경우 고교 졸업 이상의 학력 소지자라면 해당 에꼴의 시험을 쳐서 입학할 수 있습니다. 사립은 우수한 몇몇 에꼴을 제외하고는 등록금만 납부하면 입학이 가능합니다. 에꼴은 종류에 따라 1년에서 5년 과정까지 다양하고, 예체능 계열과 전문직 중심의 학과로 구성되어 있습니다.

Vous vous
levez tard
le dimanche ?

Leçon

15

Vous vous levez tard le dimanche ?

너희들은 일요일에 늦게 일어나?

＼ **학습 목표**
자신의 주말 일과를 말할 수 있다.

＼ **공부할 내용**
주요 대명동사
대명동사의 재귀 용법

＼ **주요 표현**
Je me lève tôt.
Je m'intéresse beaucoup à la nature.
Je fais le ménage.

Parlez **말문 트GO!**

🎧 Track 15-01

 Dialogue 1

미나와 친구들은 일요일에 무엇을 할까요?

Mina	Vous vous levez tard le dimanche ?
Hugo	Oui, je dors jusqu'à midi.
Nicolas	Moi, je me lève tôt. Je prends un café. Après je me douche et je m'habille. Puis je vais à l'église.
Mina	Je me lève à 7 heures pour faire du jogging. Ensuite je prends le petit-déjeuner à la maison.

미나 너희들은 일요일에 늦게 일어나?
위고 응, 나는 12시까지 자.
니꼴라 나, 나는 일찍 일어나.
커피 한 잔을 마시지.
그 후에 나는 샤워를 하고
옷을 입어.
그리고 나서 나는 교회에 가.
미나 나는 조깅을 하기 위해
7시에 일어나.
그리고 나서 나는 집에서 아침
식사를 하지.

VOCA **vous levez** 대명동사 'se lever 일어나다'의 2인칭 복수 현재 변화형 **me lève** 대명동사 'se lever 일어나다'의 1인칭 단수 현재 변화형 **me douche** 대명동사 'se doucher 샤워하다'의 1인칭 단수 현재 변화형 **m'habille** 대명동사 's'habiller 옷을 입다'의 1인칭 단수 현재 변화형 **puis** 그리고 나서 **dors** 동사 'dormir 자다'의 1, 2인칭 단수 현재 변화형 **jusqu'à** ~까지 **église** f. 교회 **petit-déjeuner** m. 아침 식사

 ● **포인트 잡GO!**

église는 예배 장소를 의미하며 église catholique는 성당, église protestante는 교회를 가리킵니다.

핵심 배우GO!

📍 Clé

1. 언제 일어나는지 말하기

- Je me lève **tard**.   나는 늦게 일어납니다.
- Je me lève **à 10 heures**.   나는 **10시에** 일어납니다.
- Il se lève **tôt**.   그는 **일찍** 일어납니다.
- Vous vous levez **à 7 heures**.   당신은 **7시에** 일어납니다.

2. 대명동사 또는 prendre 동사로 '(몸을) 씻다' 말하기

- Je **me douche**.   나는 **샤워를 합니다.**
- Elle **prend une douche**.   그녀는 **샤워를 합니다.**
- Vous **vous lavez**.   당신은 **씻습니다.**

3. 아침·점심·저녁 식사 말하기

- Je prends **le petit-déjeuner**.   나는 **아침 식사**를 합니다.
- Tu **déjeunes** au restaurant.   너는 식당에서 **점심 식사**를 한다.
- Vous **dînez** avec votre famille.   당신은 가족과 함께 **저녁 식사**를 합니다.

🎯 • Remarques

❶ '(몸을) 씻다' 표현을 대명동사 'se doucher 샤워하다'와 'se laver 씻다', 동사와 명사를 결합한 'prendre une douche 샤워를 하다'와 같이 다양한 구조로 말해 보세요.

❷ '아침 식사를 하다'는 'prendre le petit-déjeuner'입니다. 점심 식사와 저녁 식사의 경우는 동사 'déjeuner', 'dîner'로 말합니다. 'prendre le déjeuner', 'prendre le dîner'라고 말할 수도 있습니다.

Parlez

🎧 Track 15-02

💬 **Dialogue 2**

여러분은 주말 오후에 무엇을 하나요?

Mina	Qu'est-ce que vous faites l'après-midi ?
Hugo	Je me promène dans un parc et je regarde les fleurs et les arbres. Je m'intéresse beaucoup à la nature.
Nicolas	Je me repose un peu et je regarde la télévision. Je fais le ménage.
Léa	Est-ce que vous vous couchez tard ?
Hugo	En général, je me couche vers 2 heures du matin. J'aime étudier la nuit.
Nicolas	Moi aussi je me couche tard. Je regarde un film avant d'aller dormir.

미나 너희들은 오후에는 무엇을 해?
위고 나는 공원에서 산책을 해 그리고
꽃들과 나무들을 봐.
나는 자연에 관심이 많아.
니꼴라 나는 조금 쉬고 텔레비전을 봐.
집안 청소도 하지.
미나 너희들은 늦게 자?
위고 보통 나는 새벽 2시경에 자. 나는
밤에 공부하는 것을 좋아해.
니꼴라 나도 늦게 자. 나는 자기 전에
영화 한 편을 봐.

VOCA   **me promène** 대명동사 'se promener 산책하다'의 1인칭 단수 현재 변화형   **m'intéresse** 대명동사
's'intéresser ~에 관심이 있다'의 1인칭 단수 현재 변화형   **me repose** 대명동사 'se reposer 쉬다'의 1인칭 단수
현재 변화형   **vous couchez** 대명동사 'se coucher 자다'의 2인칭 복수 현재 변화형   **me couche** 대명동사 'se
coucher 자다'의 1인칭 단수 현재 변화형   **avant de(d')+동사 원형** ~하기 전에

   • 포인트 잡GO!

❶ 's'intéresser à+명사 ~에 관심이 있다, ~에 흥미가 있다'에서 à와 명사 앞의 정관사는 축약될 수 있습니다.
   예 s'intéresser à la nature 자연에 관심이 있다
      s'intéresser au concert 콘서트에 관심이 있다
      s'intéresser aux fleurs 꽃에 관심이 있다

❷ se coucher는 '(침대에) 눕다, 자다, 잠자리에 들다', dormir는 '자다(자고 있는 상태)'를 나타냅니다.

4 관심사 말하기

- Je **m'intéresse beaucoup** à la nature. 나는 자연에 **관심이 많습니다**.
- Tu **t'intéresses** à la musique classique ? 너는 클래식 음악에 **관심이 있니**?
- Vous **ne vous intéressez pas** aux fleurs. 당신은 꽃에 **관심이 없습니다**.

5 언제 자는지 말하기

- Je me couche **tard**. 나는 **늦게** 잡니다.
- Il se couche **tôt**. 그는 **일찍** 잡니다.
- Vous vous couchez **vers 2 heures du matin**. 당신은 **새벽 2시경에** 잡니다.
- Elle se couche **à 21 heures**. 그녀는 **21시에** 잡니다.

6 avant de ~하기 전에

- Je regarde un film **avant d'aller dormir**. 나는 **자러 가기 전에** 영화 한 편을 봅니다.
- Elle fait les courses **avant de rentrer à la maison**. 그녀는 **집에 들어가기 전에** 장을 봅니다.
- Vous voulez un café **avant de partir** ? **떠나기 전에** 커피 한 잔 하실래요?

• Remarques

❶ 'avant de(d')+동사 원형 ~하기 전에'를 'avant de partir 떠나기 전에', 'avant de manger 먹기 전에', 'avant d'aller au marché 시장에 가기 전에'와 같이 활용해 보세요.

❷ '~시경에'라고 말할 땐 'vers+시간'을 씁니다.

1 dormir 동사

'자다'를 의미하는 dormir 동사의 변화형을 아래의 표와 예문으로 연습해 보세요.

dormir 자다			
je	dors	nous	dormons
tu	dors	vous	dormez
il/elle/on	dort	ils/elles	dorment

Je **dors** jusqu'à midi. 나는 12시까지 **잡니다.**

Tu **dors** 9 heures. 너는 9시간 **잔다.**

Vous **dormez** dans le bus ? 당신은 버스 안에서 **잡니까?**

2 대명동사

대명동사는 동사 앞에 재귀대명사 se가 붙은 형태로, 동사의 동작이 주어 자신에게 되돌아오는 재귀적 용법으로 주로 쓰입니다. 이때 재귀대명사 se는 주어의 인칭에 따라 그 형태가 변하며 동사는 본래의 동사 변화 형태를 따릅니다.

lever	일으키다	**se** lever	일어나다
coucher	재우다	**se** coucher	자다, 잠자리에 들다
laver	씻기다	**se** laver	씻다
doucher	샤워시키다	**se** doucher	샤워하다
habiller	옷을 입히다	**s'**habiller	옷을 입다
promener	산책시키다	**se** promener	산책하다
reposer	쉬게 하다	**se** reposer	쉬다
intéresser	관심을 끌다	**s'**intéresser	관심을 갖다
appeler	부르다	**s'**appeler	불리다

> **Tip** 대명동사의 부정형은 '재귀대명사+동사'의 앞에 ne, 뒤에는 pas를 넣습니다.

③ 주요 대명동사의 재귀 용법 형태

// 1 se lever 동사

se lever 일어나다			
je	**me** lève	nous	**nous** levons
tu	**te** lèves	vous	**vous** levez
il/elle/on	**se** lève	ils/elles	**se** lèvent

'se lever 일어나다' 부정형			
je	ne **me** lève pas	nous	ne **nous** levons pas
tu	ne **te** lèves pas	vous	ne **vous** levez pas
il/elle/on	ne **se** lève pas	ils/elles	ne **se** lèvent pas

> **Tip** 대명동사의 의문문 만들기
>
> ① 주어+재귀대명사 동사...? / ② Est-ce que 주어+재귀대명사 동사? / ③ 재귀대명사 동사-주어?
>
> Est-ce qu'ils se lèvent tard le samedi ? 그들은 토요일에 늦게 일어납니까?
>
> Vous levez-vous tôt le matin ? 당신은 아침에 일찍 일어납니까?

// 2 s'appeler 동사

재귀대명사 me, te, se는 모음이나 무음 h로 시작하는 동사 앞에서는 m', t', s' 로 축약합니다.

s'appeler ~라고 불리다			
je	**m'**appelle	nous	**nous** appelons
tu	**t'**appelles	vous	**vous** appelez
il/elle/on	**s'**appelle	ils/elles	**s'**appellent

> **Tip** 의문사가 있을 때 대명동사 의문문 어순
>
> ① 의문사+재귀대명사 동사 - 주어? / ② 주어+재귀대명사 동사+의문사?
>
> Comment vous appelez-vous ? 당신의 이름은 무엇입니까?
>
> Tu t'appelles comment ? 너의 이름은 무엇이니?

// 3 s'intéresser 동사

s'intéresser 관심이 있다, 흥미가 있다			
je	**m'**intéresse	nous	**nous** intéressons
tu	**t'**intéresses	vous	**vous** intéressez
il/elle/on	**s'**intéresse	ils/elles	**s'**intéressent

> **Tip** s'intéresser에 전치사 à를 이어서 '~에 관심이 있다', '~에 흥미가 있다'를 나타낼 수 있습니다.
> 전치사 à 다음에 정관사 le가 오면 au, 정관사 les가 오면 aux가 됩니다.
>
> Je m'intéresse **à la littérature française**. 나는 프랑스 문학에 흥미가 있습니다.
>
> Tu ne t'intéresses pas **au concert de jazz** ? 너는 재즈 콘서트에 관심이 없니?
>
> Elles s'intéressent beaucoup **aux fleurs et aux arbres**. 그녀들은 꽃과 나무에 관심이 많습니다.

1 다음 문장들을 잘 듣고 써 보세요.

🎧 Track 15-03

// **1**

_____

// **2**

_____

// **3**

_____

// **4**

_____

// **5**

_____

2 다음 중 우리말과 일치하지 <u>않는</u> 동사를 고르세요.

① 옷을 입다   →   s'habiller

② 샤워하다   →   se coucher

③ 산책하다   →   se promener

④ 쉬다   →   se reposer

3 다음 질문에 알맞은 대답을 완성하세요.

// **1** Vous vous levez tard ? 당신은 늦게 일어납니까?
Oui, _____ (네, 저는 늦게 일어납니다.)

// **2** Est-ce que tu te promènes tous les jours ? 너는 매일 산책을 하니?
Non, _____ tous les jours. (아니, 나는 매일 산책을 하진 않아.)

// **3** Vous vous reposez ? 당신은 쉬고 있습니까?
Oui, _____ (네, 저는 쉬고 있습니다.)

// **4** Elles se couchent à quelle heure ? 그녀들은 몇 시에 잡니까?
_____ à 23 heures. (그녀들은 23시에 잡니다.)

4 다음에 들어갈 적절한 단어를 쓰세요.

// **1** Je regarde un film _____ aller dormir. 나는 자러 가기 전에 영화 한 편을 봅니다.

// **2** Il dort _____ 10 heures. 그는 10시까지 잡니다.

// **3** Est-ce que vous prenez le _____ ? 당신은 아침 식사를 하십니까?

// **4** Est-ce que tu t'intéresses _____ nature ? 너는 자연에 관심이 있니?

❶ ① Je me lève tôt. / ② Je m'habille. / ③ Tu te promènes dans un parc. / ④ Vous vous couchez tard. /
⑤ Elle dort jusqu'à midi.

❷ ② se coucher → se doucher

❸ ① je me lève tard. ② je ne me promène pas ③ je me repose ④ Elles se couchent

❹ ① avant d' ② jusqu'à ③ petit-déjeuner ④ à la

어휘 늘리GO!

⭐ **다양한 장소 어휘**

le parc 공원	la banque 은행
le restaurant 식당	la librairie 서점
le café 카페	l'école 학교
le supermarché 슈퍼마켓	la bibliothèque 도서관
le grand magasin 백화점	la maison 집
le musée 박물관, 미술관	le magasin 상점
le commissariat de police 경찰서	le magasin de vêtements 옷 가게
l'hôtel 호텔	la papeterie 문구점
l'aéroport 공항	le parc d'attractions 놀이동산
l'hôpital 병원	la piscine 수영장
la pharmacie 약국	le fast-food 패스트푸드점
la poste 우체국	le théâtre 극장

France

프랑스 만나GO!

프랑스에서 은행 이용하기

프랑스의 대표적인 은행으로는 BNP PARISBAS, Société Générale, LCL 등이 있습니다.
프랑스에서 은행을 이용할 때 알아 둘 점과 계좌 개설 관련 필수 어휘를 알아봅시다.

은행 창구 이용

프랑스에서 은행 업무를 처리하기 위해서는 먼저 'rendez-vous [헝데부] 약속'을 잡아야 합니다. 은행 직원이 업무를 처리하는 방으로 들어가 상담을 받고 처리하는 방식입니다. 동일한 은행이어도 지점이 다르다면 다시 약속을 잡고 담당 직원을 정하는 절차를 밟습니다.

계좌 개설

프랑스 은행은 통장을 따로 발급하지 않습니다. 대신 매달 R.I.B (relevé d'identité bancaire)라 하여 은행이 고객에게 발행하는 계좌 명세서를 우편으로 받아 내역서를 확인할 수 있습니다.
계좌를 개설하는 데에도 거의 일주일에서 열흘의 시간이 걸립니다. 만약 학생이라면 신분증, 학생 신분을 증명하는 서류, 거주 증명서가 있어야 계좌를 개설할 수 있습니다. 해당 은행에서 정한 형식에 맞춰서 서류를 준비해야 하며 하나라도 빠뜨려서는 안 됩니다.

은행 계좌 개설 관련 필수 단어

compte bancaire [꽁드 벙께흐] 은행 계좌

frais d'entretien [프헤 덩트흐띠앙] 계좌 유지비

carte bleue [꺄흐뜨 블루] 현금 인출 카드 (체크 카드)

carnet de chèque [꺄흐네 드 셰끄] 수표책

R.I.B [힙] 은행 계좌 명세서

* 프랑스 은행에서는 예금주로부터 계좌 관리에 필요한 '계좌 유지비'를 받습니다. 은행마다 계좌 유지비 부과 여부 및 금액의 차이가 있으며, 매달 내야 합니다.

Nous
allons
voyager
en Grèce.

Nous allons voyager en Grèce.

우리는 그리스를 여행할 거야.

＼ 학습 목표
가까운 미래를 계획할 수 있다.
비교 표현을 구사할 수 있다.

＼ 공부할 내용
aller 동사와 함께 사용하는 근접 미래 시제
명사의 비교급

＼ 주요 표현
Qu'est-ce que vous allez faire ?
En avril, il y a autant de soleil et
moins de touristes qu'en été.
On va se reposer.

말문 트GO!

📍 Parlez

🎧 Track 16-01

💬 **Dialogue 1**

미나는 부모님과 그리스를 여행할 예정입니다.

Mina	Mes parents viennent en France la semaine prochaine.
Léa	Quelle chance ! Qu'est-ce que vous allez faire ?
Mina	Nous allons partir en voyage pendant les vacances de printemps.
Léa	Où allez-vous partir ?
Mina	Nous allons voyager en Grèce.
Léa	Ah, c'est super ! Vous allez visiter des îles ?
Mina	Oui, on va visiter des villes et des îles.

미나 나의 부모님께서 다음 주에 프랑스에 오셔.

레아 좋겠다! 무엇을 할 거야?

미나 우리는 봄 방학 동안 여행을 떠날 거야.

레아 어디로 떠나?

미나 우리는 그리스를 여행할 거야.

레아 아, 멋지다! 섬들을 구경할 거야?

미나 응, 우리는 도시들과 섬들을 구경할 거야.

VOCA **viennent** 동사 'venir 오다'의 3인칭 복수 현재 변화형 **semaine** f. 주, 일주일간 **prochain(e)** 다음의 **quelle** 얼마나 큰, 놀라운, 굉장한 (quel의 여성 단수형) **chance** f. 운, 행운 **partir en voyage** 여행을 떠나다 **pendant** ~동안 **voyager** 여행하다 (1군 규칙 동사) **visiter** 방문하다, 관광하다 (1군 규칙 동사) **ville** f. 도시 **île** f. 섬

• 포인트 잡GO!

❶ 'les vacances de printemps'은 4월 부활절 전후 2주 간의 휴가를 말합니다.

❷ voyager 뒤에 여행 국가를 말할 때 국가의 성별에 따라 알맞은 전치사를 사용해야 합니다.

　예 voyager **en** France 프랑스를 여행하다　　　　voyager **au** Japon 일본을 여행하다

　　voyager **aux** États-Unis 미국을 여행하다

핵심 배우GO!

Clé

1 기간 말하기

- **pendant** les vacances   휴가 동안
- **pendant** des heures   몇 시간 동안
- **pendant** 15 jours   15일 동안

2 가까운 미래 말하기

- Nous **allons partir** en voyage.   우리는 여행을 떠날 것입니다.
- Je **vais rester** à Paris.   나는 파리에 있을 것입니다.
- Ils **vont voyager** en France.   그들은 프랑스를 여행할 것입니다.

3 'Quel(s) / Quelle(s)+명사!' 감탄문

- **Quel** dommage !   정말 유감이군요!
- **Quel** temps magnifique !   정말 멋진 날씨예요!
- **Quelle** bonne surprise !   이런 좋은 일이!

• Remarques

❶ pendant 다음에는 기간이 옵니다.

❷ 'heure'는 시간을 의미하며 'pendant des heures'는 '몇 시간 동안'을 의미합니다.

❸ quel(s) / quelle(s)은 의문형용사로 '어떤', '무슨'의 뜻을 가지고 있지만, 감탄형용사로 '얼마나 큰, 놀라운, 굉장한'의 뜻으로 쓰이기도 합니다.

Parlez

말문트GO!

🎧 Track 16-02

 Dialogue 2

미나는 아테네에서 친구의 집에 머물기로 했습니다.

Léa	Est-ce que vous allez dormir dans un hôtel ?
Mina	Non, nous allons rester chez une amie. Elle habite à Athènes.
Léa	Athènes ? C'est une ville magnifique ! En avril, il y a autant de soleil et moins de touristes qu'en été.
Mina	Ça, c'est sûr. On va se reposer.
Léa	Est-ce que vous allez rester à Athènes ?
Mina	On va rester une semaine à Athènes et on va visiter les îles.

레아 호텔에서 잘 거야?
미나 아니, 우리는 한 친구 집에 머물 거야. 그녀는 아테네에 살아.
레아 아테네? 정말 아름다운 도시지! 4월에는, 여름만큼 햇빛이 나고 관광객은 더 적잖아.
미나 그건 틀림없지. 우리는 쉴 거야.
레아 아테네에 있을 거야?
미나 우리는 아테네에서 일주일 있을 거고 섬들을 구경할 거야.

VOCA **dormir** 자다 (3군 불규칙 동사) **hôtel** m. 호텔 **touriste** 관광객 **sûr(e)** 확실한, 틀림없는
se reposer 쉬다

 • **포인트 잡GO!**

❶ en 뒤에 달을 넣으면 '~월에'가 됩니다.

❷ 'chez+사람'은 '~의 집에'라는 의미입니다.

❸ ça는 '그것'이라는 뜻도 있지만 앞의 문장 전체를 받을 수도 있습니다.

핵심 배우GO!

Clé

4 대명동사의 가까운 미래 말하기

- Je **vais me reposer**.
- Elle **va se laver**.
- Vous **allez vous promener**.

나는 쉴 것입니다.
그녀는 씻을 것입니다.
당신은 산책할 것입니다.

5 대명동사의 가까운 미래 부정형

- Je **ne vais pas me reposer**.
- Elle **ne va pas se laver**.
- Vous **n'allez pas vous promener**.

나는 쉬지 않을 것입니다.
그녀는 씻지 않을 것입니다.
당신은 산책하지 않을 것입니다.

6 명사의 비교급 말하기

- Il y a **plus de** soleil **qu'**ici.
- J'ai **autant de** livres **que** Léa.
- Il y a **moins de** touristes.

여기보다 햇빛이 **더 많이** 납니다.
나는 레아**만큼** 책이 있습니다.
관광객이 **더 적습니다**.

 • Remarques

❶ 대명동사의 근접 미래는 'aller 동사 현재형+대명동사'입니다.

❷ 명사의 비교급은 명사의 앞에 plus de(d'), autant de(d'), moins de(d')를 써서 각각 우등, 동등, 열등 비교를 할 수 있습니다. 비교 대상 앞에는 que(qu')를 씁니다. 그러나 비교 대상을 반드시 써야 하는 것은 아닙니다.

1 근접 미래

가까운 미래의 계획을 'aller 동사 현재형+동사 원형'의 근접 미래 문형으로 말하고, '(곧) ~할 것이다'라고 해석합니다. 'manger 먹다' 동사로 근접 미래 구조를 말해 봅시다.

manger 먹다			
je	**vais** manger	nous	**allons** manger
tu	**vas** manger	vous	**allez** manger
il/elle/on	**va** manger	ils/elles	**vont** manger

// J'ai faim. Je **vais manger**.   나는 배가 고픕니다. 나는 **먹을 것입니다**.

Je **ne vais pas manger**.   나는 **먹지 않을 것입니다**.

> **Tip** 부정형은 'ne(n')+aller 동사의 현재형+pas+동사 원형'으로 '(곧) ~하지 않을 것이다'라고 해석합니다.

2 대명동사의 근접 미래

대명동사로 가까운 미래를 말할 땐 'aller 동사 현재형+재귀대명사+동사 원형', 부정형은 'ne(n')+aller 동사 현재형+pas+재귀대명사+동사 원형'이 됩니다. 이때 재귀대명사 se는 주어의 인칭에 따라 형태가 변합니다.

se reposer 쉬다			
je	**vais me** reposer	nous	**allons nous** reposer
tu	**vas te** reposer	vous	**allez vous** reposer
il/elle/on	**va se** reposer	ils/elles	**vont se** reposer

// Tu vas te reposer ? 너는 쉴 거야?

- Oui, je suis très fatigué. Je **vais me reposer**.   응, 나는 매우 피곤해. 나는 **쉴 거야**.

- Non, je ne suis pas fatigué. Je **ne vais pas me reposer**.
아니, 나는 피곤하지 않아. 나는 **쉬지 않을 거야**.

> **Tip** 대명동사의 근접 미래는 충고, 경고나 부드러운 명령의 의미로도 사용됩니다.

Attention, tu **vas tomber** ! 조심해, **넘어지겠다**!

Attention, tu **vas casser le vase** ! 조심해, 그 꽃병 **깨겠다**!

Tu **vas te lever** tôt demain matin ! 내일 아침에 **일찍 일어나**!

③ **명사 / 형용사 비교급**

// 1 **명사 비교급**

명사 앞에 plus de, autant de, moins de로 명사의 양을 우등, 동등, 열등 비교합니다. plus de에서 s는
발음을 하며 전치사 de 뒤에 셀 수 있는 명사는 복수형, 셀 수 없는 명사는 단수형으로 씁니다. que 뒤에는
비교 대상을 쓸 수 있습니다. 비교 대상으로 강세형 대명사를 쓸 수도 있습니다.

plus de 명사 que 비교 대상	~보다 더 많은 (명사)
autant de 명사 que 비교 대상	~만큼의 (명사)
moins de 명사 que 비교 대상	~보다 덜 많은 (명사)

Marie a **plus de** jupes que sa sœur. 마리는 그녀의 동생보다 **더 많은** 치마를 가지고 있습니다.

Marie a **autant de** jupes que sa sœur. 마리는 그녀의 동생**만큼** 치마를 가지고 있습니다.

Marie a **moins de** jupes que sa sœur. 마리는 그녀의 동생**보다** 치마를 **덜** 가지고 있습니다.

// 2 **형용사 비교급**

형용사 앞에 plus, aussi, moins로 우등, 동등, 열등 비교를 할 수 있습니다. 명사의 비교급과 마찬가지로
que (qu') 다음에 비교 대상을 쓰면 됩니다. plus에서 s는 발음하지 않습니다. 이때 형용사는 수식하는 명사
의 성과 수에 일치시킵니다.

plus 형용사 que 비교 대상	~보다 더 (형용사)
aussi 형용사 que 비교 대상	~만큼 (형용사)
moins 형용사 que 비교 대상	~보다 덜 (형용사)

Cyril est **plus grand** que moi. 씨릴은 나**보다** 키가 **더** 큽니다.

Cyril est **aussi grand** que moi. 씨릴은 나**만큼** 키가 큽니다.

Cyril est **moins grand** que moi. 씨릴은 나**보다** 키가 **덜** 큽니다.

> **Tip** 비교급 문장에서 반드시 비교 대상인 'que(qu') 비교 대상'을 써야만 하는 것은 아니므로 참조하세요.

실력 높이 GO!

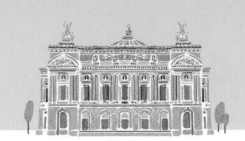

1 다음 문장들을 잘 듣고 써 보세요.

🎧 Track 16-03

✎ **1**

_____

✎ **2**

_____

✎ **3**

_____

✎ **4**

_____

✎ **5**

_____

2 다음 우리말을 보고 근접 미래 시제 문장을 만들어 보세요.

✎ **1** Tu _____ _____ avec tes amis ?
너는 너의 친구들과 함께 올 거니?

✎ **2** Vous _____ _____ ?
당신은 외출하실 겁니까?

✎ **3** Elles _____ _____ du sport.
그녀들은 운동을 할 것입니다.

✎ **4** Je _____ _____ demain matin.
나는 내일 아침에 떠날 것입니다.

3 다음 상황에 적절한 근접 미래 문장을 연결하세요.

① J'ai soif. •   • ⓐ Je vais dormir.

② J'ai sommeil. •   • ⓑ Je vais boire.

③ Je suis très fatigué. •   • ⓒ Je vais manger.

④ J'ai faim. •   • ⓓ Je vais me reposer.

4 다음 우리말 문장을 프랑스어로 작문해 보세요.

✏**1** 그녀는 나보다 더 많은 책을 가지고 있습니다.

_____

✏**2** 4월에는 관광객이 더 적습니다.

_____

✏**3** 나는 마리(Marie)만큼 옷들을 삽니다.

_____

❶ ① Mes parents viennent en France la semaine prochaine. / ② Nous allons voyager en Grèce. /
③ Nous allons rester chez une amie. / ④ Il y a autant de soleil et moins de touristes en avril. /
⑤ On va se reposer.
❷ ① vas venir ② allez sortir ③ vont faire ④ vais partir
❸ ① b ② a ③ d ④ c
❹ ① Elle a plus de livres que moi. ② Il y a moins de touristes en avril.
③ J'achète autant de vêtements que Marie.

어휘 늘리GO!

 가족 관계 어휘

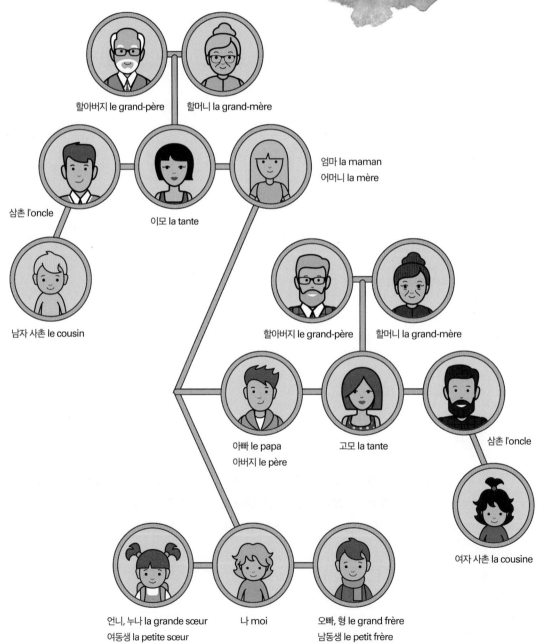

할아버지 le grand-père　할머니 la grand-mère

엄마 la maman
어머니 la mère

삼촌 l'oncle

이모 la tante

남자 사촌 le cousin

할아버지 le grand-père　할머니 la grand-mère

아빠 le papa
아버지 le père

고모 la tante

삼촌 l'oncle

여자 사촌 la cousine

언니, 누나 la grande sœur
여동생 la petite sœur

나 moi

오빠, 형 le grand frère
남동생 le petit frère

France 프랑스
만나GO!

프랑스어 능력시험 DELF, DALF

DELF (Diplôme d'études en langue française)와 DALF (Diplôme approfondi de langue française)는 프랑스어 공인 인증 시험으로 CIEP (국제교육연구센터)에서 주최하며 Alliance française (알리앙스 프랑세즈)가 시험 관리를 맡고 있습니다.

DELF 시험으로는 A1, A2, B1, B2 단계가 있고 DALF 시험으로는 C1, C2 단계가 있습니다. 각 자격증은 독립적이기 때문에 반드시 순차적으로 시험을 볼 필요는 없습니다. 본인의 실력에 해당하는 시험을 보면 됩니다.

시험은 듣기, 독해, 작문, 구술 영역으로 구성되어 있습니다. 각 25점씩 총 100점 만점이며 총점 50점만 넘으면 자격증을 취득할 수 있습니다. 단 어느 한 영역이라도 5점 미만을 받으면 과락으로 불합격 처리됩니다. 객관식과 주관식, 서술형도 있습니다. DELF와 DALF는 한번 취득하면 유효 기간 만료 없이 평생 인증되는 자격증입니다.

시험장에서 일반인(대학생 및 성인)들은 주민등록증, 운전면허증, 기간 만료 전 여권, 공무원증을 신분증으로 지참해야 하며 중고등학생의 경우 주민등록증, 이름 및 생년월일이 기재되고 사진이 부착된 학생증, 기간 만료 전 여권, 청소년증을 신분증으로 지참해야 합니다. 만약 학생증에 생년월일이 기재되지 않은 경우 기본 증명서, 의료 보험증 또는 재학 증명서 등을 제 2의 신분증으로 지참해야 합니다. 수험표 역시 지참해야 하는데 알리앙스 프랑세즈 홈페이지에서 시험일로부터 약 1주일 전부터 출력할 수 있습니다.

시험 결과는 일반적으로 시험 후 약 한 달 뒤에 알리앙스 프랑세즈 홈페이지에서 확인할 수 있으며 합격증은 결과 발표 약 2주 뒤, 자격증은 약 4개월 후에 배부됩니다. 합격증과 자격증은 본인이 응시한 지역의 알리앙스 프랑세즈를 방문하여 수령할 수 있습니다.

C'est bientôt
les vacances !

Leçon

17

C'est bientôt les vacances !

곧 방학이다!

↘ 학습 목표
불확실한 먼 미래의 계획을 말할 수 있다.
비교 표현을 구사할 수 있다.

↘ 공부할 내용
단순 미래를 사용하여 계획 말하기
동사의 비교급

↘ 주요 표현
J'irai chez mes parents.
Je m'occuperai des vaches.
On se repose plus à la mer qu'en ville.

Parlez

말문 트GO!

🎧 Track 17-01

 Dialogue 1

위고와 니꼴라는 여름 방학 계획을 이야기합니다.

Hugo	C'est bientôt les vacances ! Qu'est-ce que tu vas faire ? Tu as des projets ?	**위고** 곧 방학이다! 너는 무엇을 할 거야? 계획 있어?
Nicolas	Je vais partir en Bretagne pendant deux semaines.	**니꼴라** 나는 2주 동안 브르타뉴로 떠날 거야.
Hugo	Qu'est-ce que tu feras exactement ?	**위고** 너는 정확히 무엇을 할 거야?
Nicolas	J'irai chez mes parents. Ils ont une ferme.	**니꼴라** 나는 부모님 집에 갈 거야. 그들은 농장을 가지고 있어.
Hugo	Tu travailleras dans la ferme ?	**위고** 너는 농장에서 일할 거야?
Nicolas	Bien sûr ! J'aiderai mon père et je m'occuperai des vaches.	**니꼴라** 물론이야! 나는 나의 아버지를 돕고, 암소들을 돌볼 거야.

VOCA **vacances** f. pl. 휴가 **projet** m. 계획 **pendant** ~동안 **exactement** 정확히 **irai** 동사 'aller 가다'의 1인칭 단수 단순 미래형 **ferme** f. 농장 **travailleras** 동사 'travailler 일하다'의 2인칭 단수 단순 미래형 **aiderai** 동사 'aider 돕다'의 1인칭 단수 단순 미래형 **m'occuperai** 대명동사 's'occuper 돌보다, 전념하다'의 1인칭 단수 단순 미래형 **vache** f. 암소

 ● 포인트 잡GO!

's'occuper de 명사'는 '~을(를) 돌보다, 담당하다'라는 의미입니다. de 다음에 정관사 le가 오면 du로, 정관사 les가 오면 des로 축약합니다.

핵심 배우GO!

Clé

❶ 기간, 시점 말하기

- **pendant** tes vacances　　　너의 휴가 **동안**
- **dans** 3 semaines　　　3주 **후에**
- **depuis** 3 jours　　　3일 **전부터**

❷ 계획 말하기

- J'**irai** à Paris.　　　나는 파리에 **갈 것입니다.**
- Je **travaillerai** dans une ferme.　　　나는 농장에서 **일할 것입니다.**
- J'**aiderai** mon père.　　　나는 나의 아버지를 **도와드릴 거야.**

❸ s'occuper의 단순 미래 말하기

- Je **m'occuperai** des vaches.　　　나는 암소들을 **돌볼 것입니다.**
- Il **s'occupera** de ses enfants.　　　그는 그의 아이들을 **돌볼 것입니다.**
- Vous **vous occuperez** du jardin.　　　당신은 정원을 **돌볼 것입니다.**

 • Remarques

❶ pendant은 '~ 동안에', dans은 '~후에', depuis는 '~전부터, (기간)째'의 뜻을 나타냅니다.
위의 단어들은 뒤에 기간을 나타내는 명사가 옵니다.

❷ 프랑스의 지방 이름은 모두 여성 명사로, '~에(서), '~(으)로'라고 말할 땐 전치사 en을 써야 합니다.
　예 **en** Normandie 노르망디에 / **en** Bretagne 브르타뉴에

Parlez

말문트GO!

🎧 Track 17-02

 Dialogue 2

니꼴라는 브르타뉴에서 무엇을 할 계획인가요?

Nicolas	J'adore la Bretagne ! La région est très belle. Il y a la mer et la campagne.
Hugo	Tu verras des amis là-bas ?
Nicolas	Je sortirai de temps en temps avec mes cousins. Je verrai des amis aussi. Nous irons à la mer.
Hugo	On se repose plus à la mer qu'en ville.
Nicolas	Nous nous promènerons sur la plage et nous nous baignerons. J'achèterai des souvenirs pour mes amis.

니꼴라 나는 브르타뉴를 무척 좋아해!
그 지역은 매우 멋져.
바다와 들판이 있잖아.

위고 너는 거기에서 친구들을
볼 거야?

니꼴라 나는 가끔 나의 사촌들과
외출할 거야.
나는 친구들도 볼 거야. 우리는
바다에 갈 거야.

위고 사람들은 도시에서보다 바다에서
더 쉬지.

니꼴라 우리는 해변가에서 산책도 하고,
해수욕도 할 거야.
나는 나의 친구들을 위해
기념품들을 살 거야.

VOCA **région** f. 지방, 지역 **campagne** f. 시골, 들판 **verras** 동사 'voir 보다'의 2인칭 단수 단순 미래형 **sortirai** 동사 'sortir 나가다, 외출하다'의 1인칭 단수 단순 미래형 **de temps en temps** 가끔 **cousin** m. 사촌 **verrai** 동사 'voir 보다'의 1인칭 단수 단순 미래형 **irons** 동사 'aller 가다'의 1인칭 복수 단순 미래형 **ville** f. 도시 **plage** f. 해변 **nous baignerons** 대명동사 'se baigner 해수욕하다'의 1인칭 복수 단순 미래형 **achèterai** 동사 'acheter 사다'의 1인칭 단수 단순 미래형 **souvenir** m. 기억, 기념품

 • 포인트 잡GO!

❶ là-bas는 '거기에'라는 뜻입니다.

❷ '도시에'는 en ville이라고 말합니다. 전치사 à를 쓰지 않으며 정관사도 쓰지 않는 점에 유의하세요.

❸ On은 '우리는' 외에 '일반적인 사람들'의 의미로도 쓰입니다.

4 빈도 말하기

- Je sortirai **de temps en temps** avec mes cousins.

  나는 **가끔** 나의 사촌들과 외출을 할 것입니다.

- Elle va **parfois** chez ses parents.

  그녀는 **가끔** 그녀의 부모님 집에 갑니다.

- Vous faites **quelquefois** du football.

  당신은 **가끔** 축구를 합니다.

- Je voyage **souvent**.

  나는 **자주** 여행을 합니다.

- Je vais **rarement** au restaurant chinois.

  나는 **드물게** 중국 식당에 갑니다.

5 횟수 말하기

- une **fois**

  한 **번**

- deux **fois** par semaine

  일주일에 두 **번**

- plusieurs **fois**

  여러 **번**

6 동사의 비교급 말하기

- On se repose **plus** à la mer qu'en ville.

  사람들은 도시에서**보다** 바다에서 더 쉽니다.

- Elle mange **autant** que moi.

  그녀는 나**만큼** 먹는다.

- Je travaille **moins** que Nicolas.

  나는 니꼴라**보다** 일을 **덜** 합니다.

• Remarques

❶ 'de temps en temps / parfois / quelquefois 가끔', 'souvent 자주', 'rarement 드물게'는 모두 어떤 일이 발생하는 빈도를 나타내는 부사입니다. 위치는 동사 뒤입니다.

❷ fois는 여성명사로 '번', '회'를 뜻하며 횟수를 표현할 수 있습니다.

❸ 동사의 비교급은 동사의 뒤에 plus, autant, moins을 써서 각각 우등, 동등, 열등 비교를 할 수 있습니다. 비교 대상 앞에는 que(qu')를 씁니다.

1 단순 미래

단순 미래는 '동사 원형+단순 미래형 어미 (-ai, -as, -a, -ons, -ez, -ont)'의 형태로, 불확실한 먼 미래의 계획이나 예측을 말할 때 주로 사용합니다. 주어의 인칭과 수에 따라 어미 변화하며 대명동사일 경우 재귀대명사를 주어에 맞게 변화시키되 동사는 단순 미래 변화 형태를 따릅니다.

> **Tip** 단순 미래 역시 근접 미래처럼 충고, 경고나 부드러운 명령의 의미로도 사용됩니다.

∥1 1군 동사는 동사 원형에 단순 미래형 어미를 붙입니다. 이때 er에서 e는 [으]에 가깝게 발음합니다.

habiter 살다			
j'	habiterai	nous	habiterons
tu	habiteras	vous	habiterez
il/elle/on	habitera	ils/elles	habiteront

J'**habiterai** en Provence dans 10 ans. 나는 10년 뒤에 프로방스에서 **살 것입니다**.

acheter 사다			
j'	achèterai	nous	achèterons
tu	achèteras	vous	achèterez
il/elle/on	achètera	ils/elles	achèteront

> **Tip** 1군 동사 중 발음상의 이유로 악상을 첨가하거나 자음자를 중첩했던 동사들은 변형 형태를 미래형 어간으로 사용합니다.

> **예** Tu **achèteras** des souvenirs ? 너는 기념품들을 **살 거니**?

appeler 부르다			
j'	appellerai	nous	appellerons
tu	appelleras	vous	appellerez
il/elle/on	appellera	ils/elles	appelleront

Elle **appellera** ses amis. 그녀는 그녀의 친구들을 **부를 것입니다**.

∥2 2군 동사 역시 동사 원형에 단순 미래형 어미를 붙이며, 발음 변화는 없습니다.

choisir 고르다			
je	choisir**ai**	nous	choisir**ons**
tu	choisir**as**	vous	choisir**ez**
il/elle/on	choisir**a**	ils/elles	choisir**ont**

∥3 3군 불규칙 동사 중 -re로 끝나는 대부분의 동사는 마지막 -e를 떼고 단순 미래형 어미를 붙입니다.

attendre 기다리다			
je	attendr**ai**	nous	attendr**ons**
tu	attendr**as**	vous	attendr**ez**
il/elle/on	attendr**a**	ils/elles	attendr**ont**

∥4 다음과 같이 불규칙 미래 어근을 취하는 동사들은 개별적으로 암기해야 합니다.

envoyer → **enverr** (보내다)	être → **ser** (~이다, ~있다)	faire → **fer** (~하다)	avoir → **aur** (가지다)
voir → **verr** (보다)	savoir → **saur** (알다)	devoir → **devr** (~해야 한다)	pouvoir → **pourr** (~할 수 있다)
aller → **ir** (가다)	vouloir → **voudr** (원하다)	venir → **viendr** (오다)	pleuvoir → **pleuvr** (비가 오다)

② 동사 비교급

동작의 양을 비교하는 용법으로, 동사 뒤에 plus, autant, moins을 넣어 우등, 동등, 열등 비교문을 만들며 que(qu')뒤에는 비교 대상을 쓸 수 있습니다. 이때 plus에서 마지막 s는 발음을 합니다. 비교 대상으로 명사뿐만 아니라 강세형 대명사를 쓸 수도 있습니다.

동사 **plus** que 비교 대상	~보다 더 ~하다
동사 **autant** que 비교 대상	~만큼 ~하다
동사 **moins** que 비교 대상	~보다 덜 ~하다

Je travaille **plus** que Sylvie. 나는 씰비**보다** 일을 더 **많이** 합니다.

Je travaille **autant** que Sylvie. 나는 씰비**만큼** 일을 합니다.

Je travaille **moins** que Sylvie. 나는 씰비**보다** 일을 **덜** 합니다.

① 다음 문장들을 잘 듣고 써 보세요.   🎧 Track 17-03

⫽ **1**

_____

⫽ **2**

_____

⫽ **3**

_____

⫽ **4**

_____

⫽ **5**

_____

② 다음 우리말을 보고 단순 미래로 문장을 만들어 보세요.

⫽ **1** Vous _____ dans une ferme ?
당신은 농장에서 일할 것입니까?

⫽ **2** Tu _____ avec tes amis ?
너는 너의 친구들과 함께 여행할 거니?

⫽ **3** Il _____ chaud.
날씨가 더울 것입니다.

⫽ **4** Ils _____ au Canada l'année prochaine.
그들은 내년에 캐나다에 갈 것입니다.

3 다음 중 나머지 셋과 다른 뜻을 가진 단어를 고르세요.

① souvent

② parfois

③ quelquefois

④ de temps en temps

4 다음 우리말 문장을 프랑스어로 작문해 보세요.

✐**1** 그는 나보다 일을 더 많이 합니다.

_____

✐**2** 그녀는 나만큼 많이 먹습니다.

_____

✐**3** 씰비(Sylvie)는 그녀의 여동생보다 덜 잡니다.

_____

* dormir 동사를 이용해 답하세요.

❶ ① J'irai chez mes parents. / ② J'aiderai mon père. / ③ Je verrai des amis. /
④ Nous nous promènerons sur la plage. / ⑤ On se repose plus à la mer qu'en ville.

❷ ① travaillerez ② voyageras ③ fera ④ iront

❸ ① souvent (자주)

❹ ① Il travaille plus que moi. ② Elle mange autant que moi. ③ Sylvie dort moins que sa sœur.

Mots

어휘 늘리 GO!

⭐ 여러 가지 동물 이름

le chien 개	**le bœuf** 소
le cochon 돼지	**le mouton** 양
le lion 사자	**l'éléphant** 코끼리
le zèbre 얼룩말	**le chameau** 낙타
l'ours 곰	**le renard** 여우
la souris 생쥐	

le serpent 뱀 •   le cheval 말 •   le chat 고양이 •   • le singe 원숭이

le tigre 호랑이 •   la girafe 기린 •   • le lapin 토끼

프랑스 만나GO!

France

 이미 친숙한 프랑스어

프랑스어 발음도 문법도 너무 어렵다고요? 알고 보면 우리에게 익숙한 프랑스어가 이미 많습니다. 프랑스어에서 유래하여 우리말의 일부로 자리 잡은 단어들을 알아볼까요?

공연에서 박수로
한 곡 더 청하는
encore
앙코르

여름에 꼭 떠나야 하는
vacances
바캉스

다양한 갈래, 분야를 나타내는
genre
장르

물감을 칠하고 반으로 꾹 접어
대칭 무늬를 만드는
décalcomanie
데칼코마니

미묘한 차이에서 오는
nuance
뉘앙스

맛있는 것만 골라 먹고 싶은
buffet
뷔페

고소한
mayonnaise
마요네즈

커피와 차, 디저트가 있는
café
카페

카페라떼를 뜻하는
café au lait
까페오레

결혼식 때 신부가 드는 예쁜
bouquet
부케

크지 않은 매장,
가게를 의미하는
boutique
부티크

초승달 모양의 빵
croissant
크루아상

Est-ce que tu as passé un bon week-end ?

너는 좋은 주말을 보냈니?

학습 목표
주말의 경험을 과거형으로
말할 수 있다.

공부할 내용
복합 과거 (avoir 동사+과거 분사)
부사 비교급 문장 구사하기

주요 표현
Est-ce que tu as passé un bon
week-end ?
J'ai invité des amis.

🗨 Dialogue 1

레아는 주말에 무엇을 했나요?

Hugo	Est-ce que tu as passé un bon week-end ?
Léa	Oui, j'ai fait une petite soirée. J'ai invité des amis.
Hugo	As-tu préparé le dîner ?
Léa	Oui, j'ai fait les courses au marché. Les fruits et les légumes sont moins chers et plus frais qu'au supermarché. Alors j'ai acheté des fruits et des légumes.

위고 너는 좋은 주말을 보냈니?
레아 응, 난 작은 저녁 파티를 열었어.
      친구들을 초대했지.
위고 네가 저녁 식사를 준비했어?
레아 응, 나는 시장에서 장을 봤어.
      과일과 채소가 슈퍼마켓보다
      덜 비싸고 더 신선하잖아.
      그래서 나는 과일과 채소를 샀어.

 VOCA

passé 동사 'passer 보내다'의 과거 분사 **fait** 동사 'faire ~하다'의 과거 분사 **soirée** f. 저녁 모임, 저녁 파티
invité 동사 'inviter 초대하다'의 과거 분사 **préparé** 동사 'préparer 준비하다'의 과거 분사 **marché** m. 시장
fruit m. 과일 **légume** m. 채소 **frais** 신선한 **supermarché** m. 슈퍼마켓 **alors** 그래서 **acheté** 동사 'acheter 사다'의 과거 분사

 • 포인트 잡GO!

❶ 'passer+기간'은 '~시간을 보내다'의 의미입니다.

❷ frais는 '신선한, 싱싱한, 선선한'을 의미하는 남성 단수 형태의 형용사입니다. 여성 단수 형태는 fraîche로 불규칙 형태입니다.

핵심 배우GO!

Clé

① 복합 과거 말하기

- Je **suis allé** au cinéma.   나는 영화관에 **갔습니다**.
- J'**ai passé** un bon week-end.   나는 좋은 주말을 **보냈습니다**.
- J'**ai invité** des amis.   나는 친구들을 **초대했습니다**.
- Nous **avons fait** les courses.   우리는 장을 **봤습니다**.
- Vous **avez acheté** des fruits.   당신은 과일을 **샀습니다**.

② 복합 과거 질문하기

- Tu **as passé** un bon week-end ?   너는 좋은 주말 **보냈**니?
- Est-ce que vous **avez mangé** du steak ?   당신은 스테이크를 **드셨습니까**?
- A-t-elle **visité** le musée d'Orsay ?   그녀는 오르세 미술관을 **관람했**나요?

③ 형용사 비교급 말하기

- Il est **plus** grand que moi.   그는 나보다 **더** 크다.
- Tu es **aussi** petite que ta sœur.   너는 너의 여동생**만큼** 작다.
- La voiture est **moins** rapide que le train.   자동차는 기차보다 **덜** 빠릅니다.

• Remarques

❶ 복합 과거는 과거의 한 시점에 완료된 사건이나 행동을 나타내며, avoir 동사나 être 동사 현재형에 동사의 과거 분사형을 연결하여 만듭니다.

❷ 복합 과거의 도치 의문문은 조동사(avoir / être)와 주어를 도치시킨 후 과거 분사를 연결합니다.

❸ 형용사의 비교급은 형용사의 앞에 plus, aussi, moins을 써서 각각 우등, 동등, 열등 비교를 할 수 있습니다. 비교 대상 앞에는 que(qu')를 씁니다.

Parlez

말문 트GO!

🎧 Track 18-02

 Dialogue 2

니꼴라는 주말에 무엇을 했나요?

Nicolas	Qu'est-ce que vous avez mangé ?
Léa	On a mangé du poulet rôti aux herbes de Provence.
Nicolas	Oh, c'est délicieux ! Tu n'as pas mis de pommes de terre ?
Léa	Si, j'ai mis des olives vertes aussi. C'est une recette de ma grand-mère. Et toi, qu'est-ce que tu as fait ?
Nicolas	Samedi dernier j'ai travaillé dans un café de 10 heures à 17 heures. Enfin j'ai trouvé un petit boulot. Mais hier, j'ai déjeuné très tard. J'ai regardé un film au lit et j'ai écouté de la musique.

니꼴라 너희들은 무엇을 먹었어?

레아 우리는 프로방스의 허브를 가미한 로스트 치킨을 먹었어.

니꼴라 오, 그거 맛있지! 감자는 안 넣었어?

레아 넣었어, 녹색 올리브도 넣었어. 이건 나의 할머니의 레시피거든. 그럼 넌, 너는 뭐 했어?

니꼴라 지난 토요일에 나는 10시부터 17시까지 카페에서 일했어. 드디어 아르바이트를 구했거든. 하지만, 어제 나는 매우 늦게 점심 식사를 했어. 침대에서 영화 한 편을 보고 음악을 들었지.

VOCA mangé 동사 'manger 먹다'의 과거 분사 rôti 구운 herbe f. 허브 Provence f. 프로방스 지방 délicieux 맛있는 mis 동사 'mettre 넣다'의 과거 분사 pomme de terre f. 감자 olive f. 올리브 recette f. 레시피, 조리법 dernier (명사 뒤) 지난 travaillé 동사 'travailler 일하다'의 과거 분사 trouvé 동사 'trouver 발견하다, 찾아내다'의 과거 분사 petit boulot m. 아르바이트 hier 어제 déjeuné 동사 'déjeuner 점심 식사하다'의 과거 분사 regardé 동사 'regarder 보다'의 과거 분사 écouté 동사 'écouter 듣다'의 과거 분사

 • 포인트 잡GO!

❶ de~à~는 '~부터 ~까지'의 의미로 시간적·공간적 거리를 나타낼 수 있습니다.

❷ '음악을 듣다'는 'écouter de la musique'로, 추상적 개념을 나타내는 명사인 musique 앞에는 부분관사 de la를 씁니다.

핵심 배우GO!

Clé

4 복합 과거 부정형 말하기

- Je **n'ai pas mangé**. 나는 **먹지 않았습니다**.
- Elle **n'a pas mis** de sel. 그녀는 소금을 **넣지 않았습니다**.
- Vous **n'avez pas vu** le film. 당신은 그 영화를 보지 **않았습니다**.
- Ils **n'ont pas fait** la cuisine. 그들은 요리를 하지 **않았습니다**.

5 과거의 시간 표현

- la semaine **dernière** 지난 주
- l'année **dernière** 작년
- le mois **dernier** 지난 달
- le week-end **dernier** 지난 주말

 • Remarques

❶ 복합 과거의 부정형은 조동사 avoir나 être 동사의 앞에 ne(n'), 뒤에 pas를 넣어서 만듭니다.

❷ 명사 뒤에 형용사 dernier / dernière를 이용해서 '지난 ~'의 의미를 나타낼 수 있습니다.

① 복합 과거 I

복합 과거는 과거의 어느 순간에 일어난 이미 끝난 사건이나 행위의 완료를 말합니다. 'avoir / être 동사의 직설법 현재+과거 분사' 문형입니다. 타동사와 일부 자동사는 avoir 동사와 함께 쓰며, 대명동사와 장소의 이동을 뜻하는 일부 자동사는 être 동사와 함께 씁니다.

// 1 과거 분사 만들기

① 1군 동사 : -er → -é

manger	Je mange une pomme. → J'**ai mang<u>é</u>** une pomme. 나는 사과 한 개를 **먹었다**.
acheter	Tu achètes une jupe. → Tu **as achet<u>é</u>** une jupe. 너는 치마 한 벌을 **샀다**.
regarder	Il regarde la photo. → Il **a regard<u>é</u>** la photo. 그는 그 사진을 **보았다**.
écouter	Nous écoutons la radio. → Nous **avons écout<u>é</u>** la radio. 우리는 라디오를 **들었다**.
inviter	Vous invitez vos amis. → Vous **avez invit<u>é</u>** vos amis. 당신은 당신의 친구들을 **초대했다**.
visiter	Ils visitent des musées. → Ils **ont visit<u>é</u>** des musées. 그들은 미술관들을 **관람했다**.

② 2군 동사 : -ir → -i

finir	Je finis tard. → J'**ai fin<u>i</u>** tard. 나는 늦게 **끝났다**.
choisir	Elle choisit ce pull. → Elle **a chois<u>i</u>** ce pull. 그녀가 이 스웨터를 **골랐다**.
grossir	Vous grossissez. → Vous **avez gross<u>i</u>**. 당신은 살이 **쪘습니다**.

③ 3군 불규칙 동사: 대부분 -u로 끝나지만, -i나 -t로 끝나는 동사도 있으며, 그 밖의 불규칙 과거 분사 형태도 있으니 꼼꼼히 암기해야 합니다.

attendre	J'attends le bus. → J'**ai attendu** le bus. 나는 버스를 **기다렸다**.
lire	Tu lis un magazine. → Tu **as lu** un magazine. 너는 잡지를 **읽었다**.
boire	Elle boit de la bière. → Elle **a bu** de la bière. 그녀는 맥주를 **마셨다**.
être	Nous sommes malades. → Nous **avons été** malades. 우리는 **아팠다**.
prendre	Vous prenez un sandwich. → Vous **avez pris** un sandwich. 당신은 샌드위치를 **먹었다**.
faire	Elles font la cuisine. → Elles **ont fait** la cuisine. 그녀들은 요리를 **했다**.
avoir	Ils ont une maison. → Ils **ont eu** une maison. 그들의 집이 한 채 **있었다**.

2 부정문

조동사 avoir 앞에 n'를, 뒤에 pas를 붙입니다.

manger   J'ai mangé au restaurant. → Je **n'**ai **pas** mangé au restaurant.
나는 식당에서 먹**지 않았다.**

vouloir   Nous avons voulu venir. → Nous **n'**avons **pas** voulu venir.
우리는 오고 싶**지 않았다.**

3 의문문

Vous avez fini ? 당신은 끝냈습니까?

(= Est-ce que vous avez fini ?)

(= Avez-vous fini ?)

> **Tip** 도치 의문문으로 만들 땐 avoir 동사와 주어를 도치합니다. 주격 인칭대명사가 il / elle / on일 땐 도치 시 중간에 '-t-'를 써서 모음이 충돌하지 않도록 합니다.

② 부사 비교급

부사 앞에 plus, aussi, moins을 넣어 우등, 동등, 열등 비교를 할 수 있으며 que(qu') 뒤에는 비교 대상을 쓸 수 있습니다. 이때 plus에서 마지막 s는 발음을 하지 않습니다. 비교 대상에는 명사뿐만 아니라 강세형 대명사를 쓸 수도 있습니다.

plus 부사 que 비교 대상	~보다 더 (부사)
aussi 부사 que 비교 대상	~만큼 (부사)
moins 부사 que 비교 대상	~보다 덜 (부사)

Cyril marche **plus** vite que moi. 씨릴은 나**보다 더** 빨리 걷습니다.

Cyril marche **aussi** vite que moi. 씨릴은 나**만큼** 빨리 걷습니다.

Cyril marche **moins** vite que moi. 씨릴은 나**보다 덜** 빨리 걷습니다.

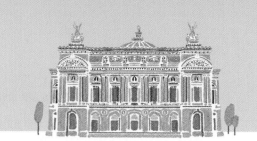

실력 높이 GO!

1 다음 문장들을 잘 듣고 써 보세요.   🎧 Track 18-03

⫽ **1**
_____

⫽ **2**
_____

⫽ **3**
_____

⫽ **4**
_____

⫽ **5**
_____

2 다음 동사의 과거 분사형을 쓰세요.

⫽ **1** acheter 사다   → _____

⫽ **2** travailler 일하다   → _____

⫽ **3** faire 하다, 만들다   → _____

⫽ **4** mettre 놓다, 넣다   → _____

⫽ **5** finir 끝내다   → _____

3 다음 문장을 복합 과거 시제로 만들어 보세요.

✏**1** Je mange avec ma famille. 나는 나의 가족과 함께 식사합니다.

_____

✏**2** Il a un chat. 그는 고양이가 있습니다.

_____

✏**3** Nous ne prenons pas le métro. 우리는 전철을 타지 않습니다.

_____

✏**4** Vous buvez du champagne. 당신은 샴페인을 마십니다.

_____

✏**5** Qu'est-ce que vous faites ? 당신은 무엇을 하십니까?

_____

4 다음 우리말 문장을 프랑스어로 작문해 보세요.

✏**1** 그는 나보다 키가 더 큽니다.

_____

✏**2** 그녀는 나만큼 빨리 걷습니다.

_____

✏**3** 오늘은 어제보다 날씨가 덜 덥습니다.

_____

---

❶ ① Est-ce que tu as passé un bon week-end ? / ② J'ai invité des amis. /
　③ Les fruits et les légumes sont moins chers qu'au supermarché. / ④ Qu'est-ce que tu as fait ? /
　⑤ J'ai regardé un film.
❷ ① acheté ② travaillé ③ fait ④ mis ⑤ fini
❸ ① J'ai mangé avec ma famille. / ② Il a eu un chat. / ③ Nous n'avons pas pris le métro. /
　④ Vous avez bu du champagne. / ⑤ Qu'est-ce que vous avez fait ?
❹ ① Il est plus grand que moi. / ② Elle marche aussi vite que moi. / ③ Aujourd'hui il fait moins chaud qu'hier.

어휘 늘리GO! Mots

여러 가지 새 이름

까마귀 le corbeau	독수리 l'aigle
부엉이 le hibou	앵무새 le perroquet
펭귄 le manchot	수탉 le coq
암탉 la poule	갈매기 la mouette
제비 l'hirondelle	타조 l'autruche
종달새 l'alouette	기러기 l'oie sauvage
학, 두루미 la grue	

까치 la pie • 비둘기 le pigeon • 참새 le moineau

오리 le canard • 백조 le cygne

프랑스 만나GO!

France

프랑스 여행 필수 정보

주 프랑스 대한민국 대사관 홈페이지 overseas.mofa.go.kr/fr-ko/index.do

주소 125 rue de Grenelle 75007 Paris, FRANCE (지하철 13번선 Varenne 역)

긴급 연락처 (사건·사고)

　　주간: 06-8095-9347 (휴대폰), 01-4753-6995 (사무실) / 야간 및 주말: 06-8028-5396 (휴대폰)

// 여행 중 긴급 전화 번호

긴급 전화	112	소방서	18 (화재, 사고, 응급 진료)
SAMU	15 (응급 진료)	경찰	17
독극물	01 40 05 48 48	SOS 의사	01 47 07 77 77 (파리 및 근교)
파리 경시청	01 82 52 40 00	15구 경시청	01 58 80 80 80
분실물 센터	01 55 76 20 34		

// 프랑스 여행 환전 Tip

프랑스 은행들은 보통 본점을 제외한 일반 지점에서는 외환 업무를 취급하지 않으므로 프랑스에 입국하기 전 우리나라의 시중 은행 또는 공항 환전소에서 유로화로 환전하는 것이 좋습니다. 프랑스 입국 후 환전이 필요하다면 공항, 은행 본점, 호텔, 철도역, 거리의 환전상 등에서 유로화로 환전할 수 있습니다. 환율은 은행이 가장 유리하며 환전상은 은행에 비해 수수료를 높게 떼는 편입니다. 또, 은행의 큰 지점에서는 자동 환전기를 24시간 운영합니다.

// 프랑스 여행 짐 꾸리기 Tip

한국과 같이 사계절이 있으며 온대성 기후를 바탕으로 지역에 따라 약간 차이가 있는 기후입니다. 북부는 강우량이 비교적 높고 대체로 습한 해양성 기후, 남부는 강우량이 비교적 낮으며 따뜻한 지중해성 기후입니다. 여름에는 비교적 건조하고 선선하므로 겉옷을 챙겨 가도 좋으며, 겨울은 한국보다 덜 추우므로 많이 두꺼운 외투보다는 여러 겹 껴입을 수 있는 옷을 많이 가져가면 유용합니다. 늦가을과 늦봄에는 맑은 날씨와 비 오는 날씨가 번갈아 나타나는 등 날씨가 변덕스러운 편으로, 방수 재킷이나 우산을 가져가는 것이 좋습니다.

Tu as passé de bonnes vacances ?

Leçon
19

Tu as passé de bonnes vacances ?
휴가는 잘 보냈어?

학습 목표
휴가 관련 어휘와 표현을 말할 수 있다.
자신의 경험을 과거형으로 말할 수 있다.

공부할 내용
복합 과거 (être 동사+과거 분사)
의문부사 의문문

주요 표현
Je suis rentrée des vacances hier.
Tu as passé de bonnes vacances ?
Nous sommes restés 5 jours à
Athènes.

● Parlez

🎧 Track 19-01

 Dialogue 1

미나는 그리스에서 어떤 곳들을 여행했을까요?

Mina	Je suis rentrée des vacances hier.
Léa	Tu as passé de bonnes vacances ? Il a fait beau ?
Mina	Oui, j'ai profité de l'été ; du soleil et de la chaleur.
Léa	Qu'est-ce que vous avez fait en Grèce ?
Mina	Nous sommes restés 5 jours à Athènes avec mes parents pour visiter le centre et l'Acropole. Nous sommes montés au Parthénon et nous sommes allés au musée de l'Acropole.
Léa	J'aime beaucoup les monuments grecs.

미나 나는 어제 휴가에서 돌아왔어.
레아 휴가는 잘 보냈어? 날씨는 좋았어?
미나 응, 나는 여름을 만끽했어; 태양과 더위.
레아 너희들은 그리스에서 무엇을 했니?
미나 나의 부모님과 함께 우리는 중심가와 아크로폴리스를 관광하기 위해 아테네에서 5일간 머물렀어. 우리는 파르테논 신전에 올라갔고, 아크로폴리스 박물관에 갔어.
레아 나는 그리스 기념물들을 많이 좋아해.

VOCA
rentrée 동사 'rentrer 돌아오다'의 과거 분사   **profité** 동사 'profiter 이용하다, 즐기다, 만끽하다'의 과거 분사
chaleur f. 열기, 더위   **restés** 동사 'rester 있다, 머무르다'의 과거 분사   **centre** m. 중심가   **Acropole** f. 아크
로폴리스   **montés** 동사 'monter 오르다'의 과거 분사   **Parthénon** m. 파르테논 신전   **allés** 동사 'aller 가다'
의 과거 분사   **monument** m. 기념물   **grecs** 그리스의 (grec의 남성 복수형)

 ● **포인트 잡GO!**

❶ 'rentrer de+명사'는 '~에서 돌아오다'입니다.

❷ 'profiter de+명사'는 '~을(를) 이용하다, 즐기다'의 뜻으로 명사 앞의 정관사에 따라 축약할 수 있습니다.
　 예) profiter du soleil 태양을 즐기다 / profiter de la vie 인생을 만끽하다

1 복합 과거 말하기

- Je **suis resté** à la maison.   나는 집에 **있었습니다**.
- Elle **est sortie**.   그녀는 **외출했습니다**.
- Nous **sommes allés** au cinéma.   우리는 영화관에 **갔습니다**.
- Elles **sont parties** en avion.   그녀들은 비행기를 **타고 떠났습니다**.

2 복합 과거 의문문, 부정문 말하기

- Tu **es allé** au musée du Louvre ?   너는 루브르 박물관에 **갔니**?
- Est-ce qu'elle **est passée** à la banque ?   그녀는 은행에 **들렀습니까**?
- **Sont**-ils **allés** au cinéma ?   그들은 영화관에 **갔습니까**?
- Non, ils **ne** sont **pas** allés au cinéma.   아니요, 그들은 영화관에 가지 **않았습니다**.

3 il y a+기간: ~전에

- il y a **cinq jous**   5일 전에
- il y a **deux semaines**   2주 전에
- il y a **trois mois**   석 달 전에
- il y a **deux ans**   2년 전에

• Remarques

❶ être 동사와 함께 쓰는 복합 과거는 avoir 동사 복합 과거와 달리 과거 분사를 주어의 성과 수에 일치시켜야 합니다.

❷ 의문문과 부정문 만드는 방법은 avoir 동사와 함께 쓰는 복합 과거와 동일합니다.

🎧 Track 19-02

 Dialogue 2

여러분은 그리스를 여행한다면 어디에 가 보고 싶은가요?

Mina	Le soir on a choisi un petit restaurant pour goûter la cuisine grecque. Le lendemain on a pris le bateau et nous sommes partis sur l'île Santorin.
Léa	Il y a de jolies maisons blanches là-bas.
Mina	Oui, elles sont charmantes. Ensuite nous avons loué une maison au bord de la mer et nous avons admiré le coucher du soleil. On a fait une excursion pour découvrir les îles volcaniques aussi.
Léa	C'est formidable !

미나 저녁에 우리는 그리스 음식을 맛보기
위해 작은 식당을 선택했어.
다음 날 우리는 배를 타고 산토리니
섬으로 출발했지.

레아 거기에는 예쁜 하얀 집들이
있잖아.

미나 맞아, 그것들은 매력적이야.
그러고 나서 우리는 바닷가에 집을
하나 빌려서 일몰을 감상했어.
우리는 화산섬들을 발견하기 위해
탐험도 했어.

레아 멋지다!

 VOCA

choisi 동사 'choisir 선택하다'의 과거 분사 **grecque** 그리스의 (grec의 여성형) **lendemain** m. 다음 날
pris 동사 'prendre 타다'의 과거 분사 **partis** 동사 'partir 출발하다'의 과거 분사 **sur** ~위에 **île** f. 섬
charmantes 매력적인 (charmant의 여성 복수형) **loué** 동사 'louer 빌리다, 렌트하다'의 과거 분사 **bord**
m. 가장자리 **admiré** 동사 'admirer 놀라서 보다, 감탄하다'의 과거 분사 **coucher du soleil** m. 일몰, 낙조
excursion f. 짧은 여행 **découvrir** 발견하다 **volcanique** 화산의 **formidable** 놀라운, 멋진

 • **포인트 잡GO!**

❶ 'sur+섬(지명)'은 '~섬에(서)'의 의미가 됩니다.

❷ 'de jolies maisons'에서 'de'는 복수형의 형용사가 복수명사 앞에 올 때, 복수의 부정관사 des가 de로
바뀐 형태입니다.
　㉮ de bonnes vacances 좋은 휴가 / de beaux pulls 멋진 스웨터들 / de grands immeubles 큰 빌딩들

핵심 배우GO!

Clé

4 태양 관련 표현

- le coucher de soleil   일몰
- le lever de soleil   일출
- le bain de soleil   일광욕
- prendre un bain de soleil   일광욕하다
- bronzer   태닝하다

5 감상 말하기

- C'est **formidable** !   **놀랍다! / 멋지다!**
- C'est **extraordinaire** !   **특별해! / 놀라워!**
- C'est **romantique** !   **낭만적**이야!
- C'est **exotique** !   **이국적**이야!

 • Remarques

동사 'coucher 재우다'가 명사로 쓰이면 '(해, 달이) 짐'을 의미합니다. lever도 동사로는 '들다, 들어올리다'의 뜻이지만 명사로 쓰이면 '(해, 달이) 뜸'을 의미합니다.

문법 다지 GO!

Retenez

1 복합 과거 Ⅱ

이동 즉, 왕래발착을 나타내는 동사들은 être 동사와 함께 복합 과거를 만듭니다. 해당하는 동사와 과거 분사 형태를 아래의 표로 익혀 보세요.

aller 가다 → **allé**	venir 오다 → **venu**
sortir 나가다 → **sorti**	entrer / rentrer 들어오다 / 다시 들어오다, 되돌아오다 → **entré/rentré**
partir 출발하다, 떠나다 → **parti**	arriver 도착하다 → **arrivé**
monter 올라가다 → **monté**	descendre 내려가다 → **descendu**
naître 태어나다 → **né**	mourir 죽다 → **mort**
passer 지나가다, 들르다 → **passé**	rester 머무르다 → **resté**
tomber 넘어지다, 떨어지다 → **tombé**	retourner 돌아가다 → **retourné**

//1 'être+과거 분사' 복합 과거에서 과거 분사는 주어의 성과 수에 일치시켜야 합니다. 즉, 주어가 남성 복수면 's', 여성 단수면 'e', 여성 복수면 'es'를 첨가합니다. 아래의 표와 예문을 살펴보세요.

sortir 나가다	
Je suis sorti(e)	Nous sommes sorti(e)s
Tu es sorti(e)	Vous êtes sorti(e)(s)
Il est sorti	Ils sont sortis
Elle est sortie	Elles sont sorties

Il est **sorti** de la maison. 그는 집에서 **나왔다**.

Elle est **sortie** de la maison. 그녀는 집에서 **나왔다**.

Nous sommes **sortis** de l'école. 우리들은 학교에서 **나왔다**. (우리=남성 복수일 때)

Vous êtes **sorties** de l'école. 너희들은 학교에서 **나왔다**. (너희들=여성 복수일 때)

Ils sont **sortis** de la poste. 그들은 우체국에서 **나왔다**.

Elles sont **sorties** de la poste. 그녀들은 우체국에서 **나왔다**.

2 'être+과거 분사' 복합 과거의 의문문과 부정문은 'avoir+과거 분사'와 동일한 방법으로 만듭니다.

Vous êtes arrivé ? 당신은 도착하셨습니까?

(= Est-ce que vous êtes arrivé ?)

(= Êtes-vous arrivé ?)

긍정 Oui, je suis arrivé. 네, 도착했습니다.

부정 Non, je **ne** suis **pas** arrivé. 아니요, 도착하**지 않았습니다**.

2 복합 과거 Ⅱ 타동사+목적어

복합 과거 Ⅱ의 동사가 목적어를 갖는 타동사로 쓰이면 avoir 동사와 함께 복합 과거를 만듭니다. passer 동사를 예로 살펴봅시다. 자동사로는 '지나가다, 들르다', 타동사로는 '(시간을) 보내다'를 의미합니다.

자동사 Elle passe devant la poste.

→ Elle **est passée** devant la poste. 그녀는 우체국 앞을 **지나갔다**.

타동사 Elle passe un bon week-end.

→ Elle **a passé** un bon week-end. 그녀는 좋은 주말을 **보냈다**.

3 의문부사 의문문

자주 쓰이는 의문부사 'quand 언제 / où 어디에 / comment 어떻게 / pourquoi 왜 / combien (혼자 쓰이는 경우: 얼마나 ; combien de+무관사 명사: 몇몇의, 얼마나 많은)' 의문문 구조와 주의할 점을 알아봅시다. 이번 과에 등장한 복합 과거 시제를 중심으로 의문부사 의문문을 익혀 보겠습니다.

// 의문부사 의문문 구조 (복합 과거)

| 의문부사 | 조동사 (avoir/être) | - | 주어 | 과거 분사 | ?

= | 의문부사 | est-ce que | 주어 | 조동사 (avoir/être) | 과거 분사 | ?

= | 주어 | 조동사 (avoir/être) | 과거 분사 | 의문부사 | ?

Tip 주어와 조동사가 서로 도치되었을 때 중간에 연결 부호 '-'을 씁니다.

Quand est-elle partie ? 그녀는 언제 떠났습니까?
(= Quand est-ce qu'elle est partie ?)
(= Elle est partie quand ?)

Où êtes-vous allé ? 당신은 어디에 가셨습니까?
(= Où est-ce que vous êtes allé ?)
(= Vous êtes allé où ?)

1 다음 문장들을 잘 듣고 써 보세요. 🎧 Track 19-03

//1

_____

//2

_____

//3

_____

//4

_____

//5

_____

2 다음 동사의 과거 분사형을 쓰세요.

//1 aller 가다   → _____

//2 mourir 죽다   → _____

//3 venir 오다   → _____

//4 partir 떠나다   → _____

//5 naître 태어나다   → _____

3 다음 문장을 복합 과거 시제로 만들어 보세요.

/ 1 Je vais à l'église. 나는 교회에 갑니다.

_____

/ 2 Vous sortez du bureau à 18 heures. 당신은 18시에 사무실에서 나옵니다.

_____

/ 3 Elle monte en ascenseur. 그녀는 엘리베이터를 타고 올라간다.

_____

/ 4 Tu ne rentres pas à la maison. 너는 집에 돌아오지 않는다.

_____

/ 5 Quand partez-vous ? 당신은 언제 떠납니까?

_____

4 다음 우리말 문장을 프랑스어로 작문해 보세요.

/ 1 그녀는 2017년에 태어났습니다.

_____

* 'en 숫자: ~년도에'를 이용해 답하세요.

/ 2 그들은 2년 전에 프랑스에 갔습니다.

_____

/ 3 우리는 좋은 하루를 보냈습니다.

_____

---

❶ ① Tu as passé de bonnes vacances ? / ② Nous sommes resté(e)s 5 jours à Athènes. /
   ③ Nous sommes allé(e)s au musée. / ④ On a pris le bateau. / ⑤ Nous sommes parti(e)s.

❷ ① allé ② mort ③ venu ④ parti ⑤ né

❸ ① Je suis allé(e) à l'église. / ② Vous êtes sorti(e) du bureau à 18 heures. / ③ Elle est montée en ascenseur. /
   ④ Tu n'es pas rentré(e) à la maison. / ⑤ Quand êtes-vous parti(e) ?

❹ ① Elle est née en 2017. / ② Ils sont allés en France il y a 2 ans. / ③ Nous avons passé une bonne journée.

어휘 늘리GO!

 공항에서

l'aéroport 공항	la compagnie aérienne 항공사
l'avion 비행기	le vol 항공편
le comptoir d'enregistrement 탑승 수속 카운터	la carte d'embarquement 탑승권, 보딩 패스
l'embarquement 탑승	le contrôle d'immigration 출입국 심사
le passeport 여권	la porte d'embarquement 탑승 게이트
le siège 좌석	la ceinture de sécurité 안전벨트
le décollage 이륙	l'atterrissage 착륙
la livraison des bagages 수하물 찾는 곳	le pilote 파일럿
le steward 스튜어드	l'hôtesse de l'air 스튜어디스

프랑스 만나GO!

France

가 볼 만한 프랑스 지역

몽생미셸 Le Mont-Saint-Michel

노르망디 지방 망슈 해안에 위치한 작은 섬입니다. 유네스코 세계문화유산에 등재된 유명한 관광지이기도 합니다. 대표적인 명소인 몽생미셸 수도원은 약 800여 년 간의 증·개축 동안 다양한 건축 양식이 반영되며 오늘날의 모습이 되었습니다.

지베르니 Giverny

파리에서 서쪽으로 약 70㎞ 거리에 위치하여 파리에서 기차로 한 시간 정도면 도착할 수 있습니다. 대표적인 인상파 화가 클로드 모네의 집과 유명한 작품 '수련'의 배경이 된 물의 정원을 감상할 수 있습니다.

루아르 Loire

프랑스 중앙부에서 대서양으로 흐르는 루아르강은 프랑스에서 가장 긴 강입니다. 강을 따라 푸른 언덕과 비옥한 들판이 펼쳐져 예로부터 왕족이나 귀족의 휴양지로 이용되었으며 80여 채의 옛 성이 들어서 있습니다. 이중 가장 크다는 샹보르성을 비롯해 슈농소성, 앙부아즈성, 끌로뤼세성 등 아름다운 고성들과 정원, 내부까지 둘러볼 수 있습니다.

보르도 Bordeaux

서남부의 항구 도시 보르도는 도시명 자체가 와인의 이름이 될 만큼 세계적인 와인 산지입니다. 와인 애호가라면 보르도의 와이너리 즉, 'château [샤또] 와인을 생산하는 양조장' 투어는 필수입니다. 와인 제조 시설, 숙성 및 저장고를 둘러보며 전문 가이드의 설명을 들을 수 있고 와인 테이스팅도 할 수 있습니다.

니스 Nice

남프랑스에 위치한 니스는 모나코와 이탈리아에 가까운 지중해 항만 도시입니다. 연중 내내 온화한 기후와 아름다운 해변이 있어 프랑스인들이 생각하는 대표적인 휴양지로 꼽히며, 마티스와 샤갈의 작품을 감상할 수 있는 미술관도 볼거리입니다.

▲ 지베르니의 물의 정원

Nous nous sommes bien amusés.

Nous nous sommes bien amusés.

우리는 재미있게 놀았어.

╲ 학습 목표
휴가에서 있었던 일을 편지글로
작성할 수 있다.

╲ 공부할 내용
복합 과거 시제를 혼용하여 편지 작성하기
대명동사
근접 과거 시제
복합 과거 문장에서 부사의 위치

╲ 주요 표현
Il a beaucoup neigé ici.
Je me suis bien reposée.
Je viens de faire mes bagages.

📍 Parlez

🎧 Track 20-01

💬 Dialogue 1

위고는 친구 에밀리에게서 편지 한 통을 받았습니다.

Cher Hugo,

Ça fait des mois que tu es parti en France. J'espère que tu vas bien.
Moi, je suis dans une station de ski au Québec. Il a beaucoup neigé ici.
La montagne est couverte de neige. Mes amis ont fait du ski et j'ai fait du
snowboard. Nous nous sommes installés dans un chalet situé dans la
région Lanaudière au cœur de la forêt. On a découvert aussi un petit lac.
Le paysage est magnifique.

....

위고에게,

네가 프랑스로 떠난 지 여러 달이 되었구나. 나는 네가 잘 지내고 있길 바란다.

나, 나는 퀘벡에 있는 스키장에 있어. 여기에는 눈이 많이 내렸어. 산은 눈으로 덮여 있어. 나의 친구들은 스키를 탔고, 나는 스노보드를 탔어. 우리는 라노디에르 지역의 숲 한가운데에 있는 산장에 자리를 잡았어. 우리는 작은 호수도 발견했지. 경치가 정말 멋져.

 VOCA

> cher, chère 비싼, 소중한, (편지의 서두에서) 친애하는 espère 동사 'espérer 바라다, 희망하다'의 1인칭 단수 현재 변화형 station de ski f. 스키장 neigé 동사 'neiger 눈이 오다'의 과거 분사 couvert(e) 덮인 être couvert(e) de ~(으)로 덮여 있다 snowboard (= planche à neige) m. 스노보드 nous sommes installés 대명동사 's'installer 자리 잡다'의 1인칭 복수 복합 과거형 chalet m. 산장 situé(e) 위치한 au cœur de ~의 한가운데에 forêt f. 숲 découvert 동사 'découvrir 발견하다'의 과거 분사 lac m. 호수 paysage m. 경치, 풍경

 ● 포인트 잡GO!

편지글에서 받는 사람 앞에 cher / chère을 적으면 '친애하는', '경애하는'의 어감을 더하여 좀더 친근하거나 정중한 느낌이 됩니다.

주의 cher / chère 형용사가 명사 뒤에 위치하면 '비싼'이라는 의미가 되므로 위치에 주의합니다.

핵심 배우GO!

Clé

① 대명동사 복합 과거 말하기

- Nous **nous sommes installés** dans un chalet.

  우리는 산장에 자리를 **잡았습니다.**

- Je **me suis levé** à 7 heures.

  나는 7시에 **일어났습니다.**

- Elle **s'est reposée** hier.

  그녀는 어제 **쉬었습니다.**

② 복합 과거에서 부사 활용하기

- Il a **beaucoup** neigé.

  눈이 **많이** 내렸습니다.

- J'ai **beaucoup** mangé.

  나는 **많이** 먹었습니다.

- Tu as **bien** dormi ?

  너는 **잘** 잤니?

③ 기간 말하기

- **Ça fait des mois que** tu es parti en France.

  네가 프랑스로 떠난 **지 여러 달이** 되었구나.

- **Ça fait 3 ans que** je travaille dans cette entreprise.

  나는 이 회사에서 일한 **지 3년이** 되었습니다.

- **Il y a déjà un mois que** nous ne nous sommes pas vus.

  우리가 서로 못 본 **지 벌써 일 년이** 되었구나.

• Remarques

❶ 대명동사의 복합 과거는 '주어+재귀대명사+être 현재형+과거 분사'로, 양이나 질을 의미하는 부사들은 복합 과거에서 과거 분사 앞에 위치합니다.

❷ 'nous ne nous sommes pas vus'는 'se voir 서로 보다, 만나다'의 1인칭 복수 복합 과거 부정문의 형태입니다.

📍 Parlez

🎧 Track 20-02

 Dialogue 2

에밀리는 위고와 함께 퀘벡에 다시 오고 싶어합니다.

Hier, nous nous sommes promenés dans le parc national du Mont-Tremblant. Grâce à cette belle nature, je me suis bien reposée. La nature, le silence, c'est reposant. Le soir nous avons fait la fête. Nous avons chanté et nous avons dansé. Nous nous sommes bien amusés. Je pars demain et je viens de faire mes bagages. Mais je n'ai pas envie de partir et je voudrais revenir avec toi.
Je t'embrasse.

Émilie

....

어제, 우리는 몽트랑블랑 국립 공원에서 산책을 했어. 이 아름다운 자연 덕분에 나는 잘 쉬었어. 자연, 고요함이 휴식을 주네. 저녁에 우리는 파티를 했어. 우리는 노래하고 춤을 췄어. 우리는 재미있게 잘 놀았어. 나는 내일 떠나. 그리고 나는 방금 가방을 꾸렸어. 하지만 떠나고 싶지 않아. 너와 다시 오고 싶어.
안녕.

에밀리

 VOCA **nous sommes promenés** 대명동사 'se promener 산책하다'의 1인칭 복수 복합 과거형 **national** 나라의, 국내의 **grâce à** ~덕분에 **nature** f. 자연 **me suis reposée** 대명동사 'se reposer 쉬다'의 1인칭 단수 복합 과거형 **silence** m. 침묵, 고요 **reposant** 휴식을 주는 **fête** f. 파티, 축일 **chanté** 동사 'chanter 노래하다'의 과거 분사 **dansé** 동사 'danser 춤추다'의 과거 분사 **nous sommes amusés** 대명동사 's'amuser 놀다, 즐기다'의 1인칭 복수 복합 과거형 **bagage** m. 짐, 가방 **avoir envie de+동사 원형** ~하고 싶다 **embrasse** 동사 'embrasser 포옹하다, 입맞추다'의 1인칭 단수 현재형

 ● **포인트 잡GO!**

'Je t'embrasse.'는 편지의 말미에 쓰는 작별 인사로 보면 됩니다. 친한 사이에 쓰는 표현이며 이 밖에도 Bises / Bisous (입맞춤 / 키스) 등을 쓰기도 합니다.

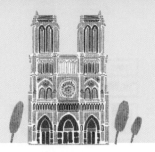

핵심 배우GO!

Clé

4 ~ 덕분에

- **grâce à** toi   네 **덕분에**
- **grâce au** professeur   선생님 **덕분에**
- **grâce à** la belle nature   아름다운 자연 **덕분에**

5 ~ 때문에

- **à cause de** toi   너 **때문에**
- **à cause du** mauvais temps   궂은 날씨 **때문에**
- **à cause de** la pluie   비 **때문에**

6 근접 과거 말하기

- Je **viens d'arriver** à l'aéroport.   나는 **방금** 공항에 **도착했습니다.**
- Elle **vient de sortir**.   그녀는 **방금 나갔습니다.**
- Tu **viens de te laver**.   너는 **방금 씻었다.**

 • Remarques

❶ 'grâce à'나 'à cause de'는 뒤에 정관사 le / les가 오면 규칙에 따라 각각 'grâce au / aux', 'à cause du / des'와 같이 축약형을 써야 합니다.

❷ 대명동사 근접 과거는 'venir 동사 현재형+de+재귀대명사+동사 원형' 구조로 재귀대명사는 주어의 인칭에 맞게 변화시킵니다.

①　대명동사 복합 과거

대명동사 역시 조동사 être와 함께 복합 과거를 만드므로 과거 분사를 주어의 성과 수에 일치시켜야 합니다. '주어+재귀대명사+être 현재형+과거 분사' 구조를 아래의 표와 예문으로 익혀 보세요.

se lever 일어나다	
je me suis levé(e)	nous nous sommes levé(e)s
tu t'es levé(e)	vous vous êtes levé(e)(s)
il s'est levé	ils se sont levés
elle s'est levée	elles se sont levées

Il se lève à 7 heures. → Il s'est **levé** à 7 heures. 그는 7시에 **일어났다.**

Elle se lève à 7 heures. → Elle s'est **levée** à 7 heures. 그녀는 7시에 **일어났다.**

Ils se lèvent à 7 heures. → Ils se sont **levés** à 7 heures. 그들은 7시에 **일어났다.**

Elles se lèvent à 7 heures. → Elles se sont **levées** à 7 heures. 그녀들은 7시에 **일어났다.**

Nous nous levons à 7 heures. → Nous nous sommes **levé(e)s** à 7 heures.
우리는 7시에 **일어났다.**

// **의문문과 부정문**

대명동사의 복합 과거 형태 의문문은 'avoir+과거 분사', 'être+과거 분사'와 동일한 방법으로 만듭니다. 도치형 의문문은 '재귀대명사+être 현재형+주어+과거 분사?' 순서이며, 조동사 être와 주어 사이에는 연결 부호 '-'을 씁니다. 부정문은 '주어+ne 재귀대명사+être 현재형+pas+과거 분사' 구조입니다.

Vous vous êtes reposé ? 쉬셨습니까?

(= Est-ce que vous vous êtes reposé ? / Vous êtes-vous reposé ?)

긍정 Oui, je me suis reposé. 네, 쉬었습니다.

부정 Non, je **ne** me suis **pas** reposé. 아니요, 쉬지 않았습니다.

2 복합 과거 문장에서 부사 위치

// 복합 과거 문장에서 양과 질을 나타내는 부사는 과거 분사 앞에 위치합니다.

J'ai **trop** mangé. 나는 **너무** 먹었다.

Il a **beaucoup** plu. 비가 **많이** 내렸다.

Je n'ai pas **bien** dormi. 나는 **잘** 자지 못했다.

주의 시간이나 장소를 뜻하는 부사는 과거 분사 뒤에 쓰기도 하므로 주의합니다.

Je me suis levé **tôt**. 나는 **일찍** 일어났다.

Elle s'est levée **tard**. 그녀는 **늦게** 일어났다.

Ils ont mangé **dedans**. 그들은 **안에서** 식사했다.

Elle a attendu **dehors**. 그녀는 **밖에서** 기다렸다.

3 근접 과거

방금 전 일어난 사건이나 행위를 말할 때 사용합니다. 'venir 동사의 현재형+de(d')+동사 원형' 구조를 아래의 표와 예문으로 익혀 보세요. 부정문은 venir 동사 앞에 ne를, 뒤에 pas를 씁니다.

faire 하다			
je	**viens de** faire	nous	**venons de** faire
tu	**viens de** faire	vous	**venez de** faire
il/elle/on	**vient de** faire	ils/elles	**viennent de** faire

Je **viens de rentrer** à la maison. 나는 **방금** 집에 **돌아왔다**.

Il **vient de finir** son travail. 그는 **방금** 일을 **마쳤다**.

Elle **vient d'arriver**. 그녀는 **방금 도착했다**.

// 대명동사의 근접 과거는 'venir 동사의 현재형+de+재귀대명사+동사 원형' 구조로, 이때 재귀대명사는 주어의 인칭에 따라 형태가 변합니다.

se lever 일어나다			
je	viens de **me** lever	nous	venons de **nous** lever
tu	viens de **te** lever	vous	venez de **vous** lever
il/elle/on	vient de **se** lever	ils/elles	viennent de **se** lever

Je **viens de** me laver. 나는 **방금** 씻었다.

Elle **vient de** s'habiller. 그녀는 **방금** 옷을 입었다.

Vous **venez de** vous promener. 당신은 **방금** 산책했다.

① Écrivez 실력 높이 GO!

1 다음 문장들을 잘 듣고 써 보세요.   🎧 Track 20-03

//**1**

_____

//**2**

_____

//**3**

_____

//**4**

_____

//**5**

_____

2 다음 중 <u>틀린</u> 문장을 <u>두 개</u> 고르세요.

//**1** Je me suis lavé.

//**2** Nous nous sommes couchés tôt.

//**3** Elle s'est promené avec son chien.

//**4** T'es levé-tu ?

//**5** Vous vous êtes douché.

* vous: 당신은(남성)

3 다음 문장을 복합 과거 시제로 만들어 보세요.

//1 Je me repose. 나는 쉽니다.

//2 Vous vous levez tard. 당신은 늦게 일어납니다.

//3 Elle ne se lave pas. 그녀는 씻지 않는다.

//4 Tu te couches. 너는 잠자리에 든다.

//5 Ils s'amusent bien avec leurs amis. 그들은 그들의 친구들과 함께 재미있게 잘 놉니다.

---

4 다음 우리말 문장을 프랑스어로 작문해 보세요.

//1 저는 방금 공항에 도착했습니다.

//2 그녀들은 방금 캐나다로 떠났습니다.

//3 당신은 방금 기차를 탔습니까?

---

* Est-ce que 구문을 이용해 답하세요.

❶ ① Il a beaucoup neigé. / ② On s'est installé dans un chalet. / ③ Nous nous sommes promenés dans le parc.
/ ④ Nous nous sommes bien amusés. / ⑤ Je viens de faire mes bagages.

❷ ③ promené → promenée ④ T'es levé-tu ? → T'es-tu levé ?

❸ ① Je me suis reposé(e). / ② Vous vous êtes levé(e) tard. / ③ Elle ne s'est pas lavée. /
④ Tu t'es couché(e). / ⑤ Ils se sont bien amusés avec leurs amis.

❹ ① Je viens d'arriver à l'aéroport. / ② Elles viennent de partir au Canada. /
③ Est-ce que vous venez de prendre le train ?

Mots	# 어휘 늘리**GO!**

 기차역에서

프랑스 국유 철도 **la SNCF** (Société Nationale des Chemins de fer Français)

철도 **le chemin de fer**	기차역 **la gare**
고속 열차 **le TGV** (Train à Grande Vitesse)	기차 시간표 **l'horaire des trains**
승차권 판매소 **le guichet de vente de billets**	승차권 판매기 **la billetterie automatique**
기차표 **le billet de train**	편도 표 **un aller**
왕복표 **un aller-retour**	개찰하다 **composter**
개찰구 **l'accès aux quais**	검표원 **le contrôleur / la contrôleuse**
선로 **la voie**	1등석 **la première classe**
2등석 **la seconde (deuxième) classe**	스낵 겸 바 열차칸 **la voiture-bar**
침대차 **le wagon-lit**	급행열차 **le train express**

Tip 편도 표와 왕복표는 일반적으로 부정관사 'un'을 써서 '편도 표 1장', '왕복표 1장'의 의미로 사용합니다.

France

프랑스 만나GO!

 프랑스 여행 시 유용한 앱

 // **구글맵**

여행 동선을 짜거나 현지에서 길을 찾을 때 유용한 지도 앱입니다. 출발지와 목적지를 설정하여 어떤 교통수
단을 이용하면 좋은지, 소요 시간은 얼마나 걸리는지 등을 알 수 있습니다. 장소를 선정하여 별점을 클릭하면
그곳을 이용한 사람들의 평가와 후기를 참고할 수도 있습니다.

 // **RATP**

파리 여행 시 필수적인 대중교통 정보 앱입니다. 여행자들뿐만 아니라 파리에 거주하는 현지인들도 매우 많이
이용할 정도입니다. 출발지와 목적지를 입력하면 위치 기반으로 어떤 대중교통을 이용할 수 있는지 보여 줍니
다. 목적지에 최대한 빨리 가고 싶을 때, 되도록 환승 없이 가고 싶을 때, 도보 구간을 최대한 적게 가고 싶을
때 등 원하는 조건을 설정하면 그에 부합하는 경로를 보여 줍니다.

 // **voyages-sncf**

프랑스 국유 철도 SNCF에서 운영하는 앱입니다. 프랑스 전역의 철도 교통 정보와 열차표 구입이 가능합니
다. 간단한 이메일 인증을 통해 회원 가입하여 이용할 수 있습니다. 운행 구간에 따라 e-티켓이 아닌 국제 배
송으로 열차표를 수령해야 할 수 있는데, 이때 보통 배송에 2~3주 이상 소요되는 경우가 대부분이므로 여행
하기까지 넉넉한 시간을 두고 예매를 시도하는 것이 좋습니다.

 // **올댓프랑스**

대한항공에서 제공하는 여행 정보 앱으로 프랑스 7개 도시에 걸쳐 숙소, 미술, 음악, 영화, 미식 등 여행뿐만
아니라 다양한 문화 정보를 볼 수 있습니다.

**왕초보부터 DELF까지 맞춤형 커리큘럼으로
여러분의 프랑스어를 책임집니다.**

단계	입문	기초	
학습 목표	프랑스어 알파벳, 발음 익히기 기본 문장 구조 익히기	프랑스어 기본 문법 이해 간단한 의사소통과 포스터 이해 가능	프랑스어로 일상적인 대화 가능 짧고 간단한 메시지/편지 작성 가능
난이도	A0	A1	A2
왕초보	왕초보 탈출 1탄 15분 완성 발음 특강	왕초보 탈출 2탄	왕초보 탈출 3탄
문법		기초 문법 1탄	기초 문법 2탄
회화		기초 회화 1탄	기초 회화 2탄
원어민		Atelier français (A1-A2)	
어휘	왕초보 어휘 마스터		포인트 테마 어휘
표현			여행 프랑스어
패턴			
듣기		프랑스어 듣기 (A1-A2)	
작문			프랑스어 초중급 작문
독해			
DELF		DELF A1	DELF A2
			DELF A2 말하기 (FR)
FLEX			
스크린			

* (FR) 표시된 강의는 원어민 강의입니다.

중·고급		
친숙한 주제에 대해 자유롭게 의견 교환, 여행 중 대부분의 상황에 대처 가능	토론이나 긴 담화 이해 가능 주어진 견해에 대해 에세이/ 보고서 작성 가능	TV 방송 및 영화 이해 가능 다양한 상황에서 논리적이고 유연한 커뮤니케이션 가능
B1	B2	C1
초중급 핵심 문법	중고급 문법 완성	고급 문법 (C1-C2)
톡톡! 실전회화	레벨UP! 프랑스어 회화	
리얼 프랑스어		
리얼 현지 회화 (FR)		
	미술 작품으로 배우는 프랑스어	
중급 어휘 마스터		
쏙쏙 동사 마스터		
프랑스어 패턴		
프랑스어 듣기 (B1-B2)		
중급 문법 작문	고급 문법 작문	
동화로 배우는 프랑스어		
DELF B1	DELF B2	
DELF B1 말하기 (FR)		
틀리기 쉬운 DELF 문법		
FLEX UP 프랑스어		
영화로 배우는 프랑스어 <사랑은 부엉부엉>		
영화로 배우는 프랑스어 <카페 벨에포크>		

시원스쿨 프랑스어 홈페이지를 방문해 보세요!
france.siwonschool.com

Level
Test

현재 내 실력 테스트!

독학에 성공하기 위해서는 수시로 나의 실력을 점검하며 레벨에 맞는 커리큘럼에 따라 학습해야
합니다. 시원스쿨 프랑스어 홈페이지에서 무료로 레벨테스트하고 혜택도 받으세요.

STEP 01

준비 왕초보 또는 중·고급 기준으로 현재 나의 실력이 어느 정도인지 확인하세요.

STEP 02

실력 확인 총15개의 문항으로 나의 레벨과 채점 결과, 정답 및 해설까지 살펴보세요.

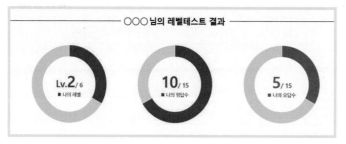

STEP 03

레벨테스트 혜택 받기 나에게 딱 맞는 추천 강의와 패키지 할인 쿠폰을 받으세요.

혜택 2   모르는 건 바로바로! 공부 질문게시판

강의와 도서 내용 중 궁금한 점을 공부 질문게시판에 올려 주세요. 담당 강사진과 시원스쿨
프랑스어 연구진이 바로바로 자세히 답변해 드립니다.

혜택 3   모두 무료! 공부 자료실

학원에 가지 않아도 충분한 학습 자료를 제공합니다. 원어민 MP3 파일과 샘플 강의뿐만 아니라
연습문제, 종합평가, 족집게 노트, 월별 테마 어휘 등 수시로 업데이트되는 자료까지 꼭 챙기세요.

혜택 4   완전 핵이득! 이벤트

참여만 해도 사은품이 와르르! 수시로 할인, 증정 이벤트를 제공합니다.

지금 바로 시원스쿨 프랑스어 홈페이지를 방문하세요!
france.siwonschool.com

"주고급 프랑스어 최강자"
Ji yeon 선생님

강좌

- 프랑스어 중급 문법·작문
- 프랑스어 고급 문법·작문

"왕초보 탈출의 새로운 기준"
Clara 선생님

강좌

- 프랑스어 왕초보탈출 1, 2, 3탄
- 프랑스어 왕초보탈출 1, 2, 3탄 전용 교재
- 프랑스어 진짜학습지
- 영화로 배우는 프랑스어 <카페 벨에포크>

"프랑스어 문법 평가자"
Emma 선생님

강좌

- 프랑스어 기초 문법 1·2탄
- 쏙쏙 동사 마스터
- 초·중급 핵심 문법 / 중·고급 문법 완성
- 술술 말하는 프랑스어 패턴
- FLEX UP 프랑스어
- 동화로 배우는 프랑스어

"델프의 신"
Il Young 선생님

강좌

- 한 번에 끝내는 DELF A1
- 한 번에 끝내는 DELF A2 (신유형)
- 한 번에 끝내는 DELF B1 (신유형)
- 한 번에 끝내는 DELF B2 (신유형)

프랑스어 도서 라인업

GO! 독학 프랑스어 첫걸음

체계적인 커리큘럼으로 혼자서도 쉽게 독학할 수 있다GO!

초보자도 혼자서 무리없이 학습할 수 있는 회화 위주의 체계적인 커리큘럼으로, 일상 회화를 통해 어휘와 문법을 익힐 수 있으며 스토리텔링 방식으로 더 쉽고 재미있게 학습이 가능하다.

김지연 지음 | Sylvie MAZO 감수 | 값 18,900원

(본책+별책 부록+ MP3+무료 강의 제공)

한 권으로 끝내는 DELF A1·A2·B1·B2
(2020년 新 유형 반영 개정판)

현직 DELF 감독·채점관 집필로 DELF 완벽 대비

현직 감독관&채점관 저자가 최신 출제 경향, 문제 유형, 난이도를 철저히 분석 및 연구하였으며, 다양한 학습 자료와 풀이 전략을 통해 쉽고 빠르게 합격할 수 있도록 구성하였다. 구술·작문 실전 훈련용 모범 답안, 듣기·구술 원어민 MP3, DELF 가이드북도 무료로 제공한다.

정일영 지음 | Eloïse MEURE 감수

값 A1 25,000원, A2 27,000원, B1 29,000원, B2 29,000원

시원스쿨 여행 프랑스어

공부하지 않고, 바로 찾아 말하는 진짜 여행 회화!

여행 시 직면할 수 있는 상황에 '꼭 필요한 표현'을 바로 찾아 말할 수 있는 휴대용 '사전'이다. 다양한 상황별로 필요한 단어와 문장을 한글 중심으로 찾을 수 있도록 구성되어, 급할 때 바로 찾아 말할 수 있다. 해당 언어의 발음과 가장 유사하게 들리는 한글 독음을 제공한다. 책 마지막의 여행 꿀팁까지 놓치지 말자.

시원스쿨어학연구소 지음 | 값 12,000원

(본책+MP3 제공)

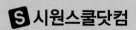